HET ZUSJE VAN DE BRUID

Joris van Casteren

Het zusje van de bruid

Relaas van een onmogelijke liefde

2011   Prometheus   Amsterdam

Eerste druk februari 2011
Tweede druk maart 2011

Deze uitgave werd mede mogelijk gemaakt dankzij een werk-
beurs van de Stichting Fonds voor de Letteren.

© 2011 Joris van Casteren
Omslagontwerp Suzan Beijer
Foto omslag Miep Jukkema
Foto auteur Bob Bronshoff
www.uitgeverijprometheus.nl
ISBN 978 90 446 1759 7

I

Ik ben in mijn auto gestapt en erheen gereden. Aan de overkant sta ik op een parkeerplaats, onder een linde. Op mijn auto vallen plakkerige druppeltjes: honingdauw. Bladluizen die de blaadjes van de linde aanvreten scheiden dat af. Gisteren ben ik nog door de wasstraat gegaan.

Met mij is het wel goed gegaan. In de zelfdimmende binnenspiegel zie ik de kinderzitjes op de achterbank. Op de hoofdsteun van de elektrisch verstelbare bijrijdersstoel hangt een blonde haar van de mooie, slimme, lieve moeder.

Tussen de auto en het huis klotst het water van de Oude Schans. Rondvaartboten vol toeristen komen voorbij, plezierjachten met Duitse vlaggen. Vanaf het Oosterdok varen ze de stad in, onder een stalen brug door, waar het verkeer van de Prins Hendrikkade overheen gaat. Aan de kade liggen woonboten. Als ik gas zou geven kom ik op het dak van Casa Aqua terecht.

Aan de overkant komt een plek vrij, snel rijd ik ernaartoe. Ik parkeer de auto achteruit in, tik een fiets aan die kletterend omvalt. Nu sta ik pal voor het huis, alleen de straat en een smalle stoep liggen ertussen. Achter de spiegelende ramen op de eerste verdieping zie ik de wenteltrap. Meteen hoor ik het geluid van de wenteltrap weer.

Aan de vensterbank onder de ramen van de tweede verdieping hangt ijzerdraad. Het zat om twee plantenbakken heen die op de vensterbank stonden. De plantenbakken hadden we met haar moeder gekocht, bij een tuincentrum in Wassenaar.

Niet lang daarna wilde ze uit het raam klimmen. Haar moeder hield haar bij haar benen vast. Ze trok het ijzerdraad los en duwde de plantenbakken naar beneden. Ze ploften neer naast een man met een hond, die nog lang bleef staan schreeuwen.

Acht jaar geleden ben ik voor het laatst in het huis geweest. Daarna ben ik nog een paar keer teruggegaan om naar het huis te kijken, 's avonds, als het donker was. Om te zien of op een van de verdiepingen licht brandde.

Ik dwaalde rond door omliggende stegen en straten. Alles in haar nabijheid was vervuld van betekenis. Bij een bouwplaats aan de Oude Schans zag ik werkmannen, midden in de nacht waren ze beton aan het storten. Ik begon aantekeningen te maken, alsof hun werkzaamheden iets verklaarden.

Nu is het anders. Het is overdag en ik heb een laptop meegenomen. Mijn auto is een observatiepost. Van mijn huis aan de andere kant van de stad ben ik hier naartoe gereden. Ik weet dat ik over haar ga schrijven. Lang heb ik die neiging onderdrukt, om niemand voor het hoofd te stoten.

Laatst droomde ik dat haar bijna dode lichaam mij met uitgemergelde klauwen probeerde vast te grijpen. Ze wilde iets zeggen maar ze kon niet meer praten. Ze lag in een bed en ik zat aan de rand, te luisteren naar de sprekers op een of ander congres.

Ze probeerde met haar handen in mij te graven. Ik trok de deken strak over haar heen, telkens kwam er een magere klauw onderuit. Na een tijdje had ze mijn autosleutel te pakken.

Ik doe de laptop aan. Het apparaat zoekt naar beschikbare netwerken in de omgeving. Het zijn er een heleboel. De meeste zijn beveiligd, alleen 'killvito16' niet. Ik maak verbinding. Ik heb geen e-mail. Teletekst meldt dat seks met dieren strafbaar is gesteld.

Door de voorruit kijk ik naar het huis. Het is een smal grachtenpand met zes verdiepingen, bruinzwart van kleur. Ik was trots dat ik in een grachtenpand woonde. Na een jeugd in Lelystad had ik in Utrecht in een studentenflat gewoond. Daarna zat ik in Amsterdam een paar jaar in onderhuur, op tochtige zolders en in beschimmelde berghokken.

Een van die berghokken werd onderverhuurd door een mevrouw met een bijstandsuitkering die net een chemokuur had ondergaan. Op een ochtend trok ik de badkamerdeur open terwijl zij stond te douchen. Haar pruik hing aan een haakje. 'Jij moet 's middags douchen,' brulde haar kale hoofd in een waas van stoom.

Daarna had een malafide kamerbemiddelingsbureau mij het adres gegeven van een Serviër in de Bijlmer. 'We moeten alles delen,' zei de Serviër terwijl hij mij zijn flat liet zien. 'Badkamer, koelkast, toilet. We koken samen. 's Avonds koffiezetten en televisiekijken. Bent u alleen? Kan beter komen met vriendin. Voor jou beter, voor mij beter.'

Uiteindelijk wees een stichting voor kunstenaarshuisvesting mij een portiekwoning in Slotervaart toe. De portiekwoning was niet groot: een woonkamer, een slaapkamer, een keuken en een douche. Boven mij woonde een skinhead, onder mij een Ghanees.

Als ik 's avonds naar bed ging hoorde ik de skinhead in de slaapkamer boven mij ook naar bed gaan. Om zes uur 's ochtends werd ik wakker van de Ghanees die vanuit zijn bed luidruchtige telefoongesprekken voerde.

Toen ik in het grachtenpand woonde verdiepte ik mij in de geschiedenis ervan. Oorspronkelijk was het veel groter, het had een geheel gevormd met het huis dat er aan de linkerkant naast staat. In de negentiende eeuw werd het oorspronkelijke pand opgedeeld in twee adressen.

In het linkerdeel woont nu een dichter die als poëzieredacteur bij een literaire uitgeverij werkte. Zijn dichtbundels verschenen bij diezelfde uitgeverij. Omdat hij er de enige poëzieredacteur was redigeerde hij zijn bundels zelf.

Ik had hem ooit geïnterviewd voor een poëzietijdschrift. Hij zei toen dat het verkeerd was om zijn eigen bundels te redigeren. 'Maar ik ben contractueel verplicht om hier te blijven,' voegde hij eraan toe. 'Ik heb wel eens gezegd: zal ik als dichter nu niet naar een andere uitgever gaan? Dan zeiden ze: ach, blijf nou toch maar.'

Het huis is slecht onderhouden. De bruinzwarte deklaag is verweerd, witgrijze verf bladdert van de kozijnen. In de onderste ramen zijn een paar ruitjes vervangen, de kit is niet overgeverfd. Ik denk dat ze haar sleutels een paar keer is vergeten.

Er zit een nieuwe voordeur in het huis, de vorige zal zijn ingetrapt. De lamp die automatisch aangaat als je in de buurt komt hangt er nog. De egelantier is groot geworden. We kochten hem met de bloemen en de plantenbakken bij het tuincentrum in Wassenaar, ik heb hem zelf nog ingegraven.

Op de bovenste verdieping zie ik bruine plekken op de ramen, alsof er pleisters op zijn geplakt. Op de ramen van de verdieping eronder hangen tekeningen. Ik noteer op welk ruitje de tekeningen precies hangen, misschien verschuiven ze. 'De tekeningen zijn de uiting van iets vrolijks,' schrijf ik op de laptop. 'Ze wil de buitenwereld iets tonen.' Maar misschien verhuurt ze de verdieping en heeft iemand anders de tekeningen opgehangen.

De vraag is of er iemand in het huis is. Of zij in het huis is. Wat als zij ineens naar buiten komt? Stap ik uit de auto of duik ik onder het dashboard? Als ik achter haar aan wil gaan zal ik eerst naar de parkeermeter moeten, er wordt hier streng gecontroleerd. Wat als ze een fiets pakt? Kan ik ongemerkt achter haar aan rennen? Maar er gebeurt niets in het huis, al die tijd dat ik er sta gebeurt er niets.

Eigenlijk wil ik alleen maar weten of ze leeft. Er zijn een paar mensen die mij dat kunnen vertellen. Die mensen willen geen contact met mij, denk ik. Toch zal ik ze benaderen, maar nu nog niet.

Over de Prins Hendrikkade rijdt een politieauto met zwaailicht en sirene aan, bussen bonken over de metalen brug. In de verte klinkt het slijpende geluid van treinwielen op de wissels voor het centraal station.

De voordeur van het neoklassieke pand gaat open, de dichter komt naar buiten. Hij draagt een lichtblauw pak en heeft een rugzak om. Hij is de hoek om voor ik uit kan stappen.

Thuis vind ik in een doos drie zwart-witfoto's en een stapel kiekjes. Op één zwart-witfoto heeft ze lang haar, op de andere twee het kapsel van Uma Thurman in *Pulp Fiction*. Ze is mooier dan Uma Thurman. Op hakken en in een zijden jurkje buigt ze voorover, handen op haar knieën. Ze tuurt in de lens met haar mond die altijd een klein stukje openstond.

Op een kleurenfoto zie ik haar ogen: oranjebruin met groenblauw eromheen. Haar pupillen staan normaal, zo zag ik ze niet vaak. Meestal waren ze klein als speldenknopjes, of juist groot als schotels.

Er moeten meer foto's zijn. Op zolder zoek ik in een doos met boeken van vergeten dichters en schrijvers. Een tijd lang was ik geobsedeerd door vergeten dichters en schrijvers. Ooit waren ze bekend geweest, daarna raakten ze om een of andere reden uit de gratie. Ik las hun werk, zocht ze op en schreef een verhaal over hen. Sommigen waren aan de drank geraakt of gebruikten medicijnen.

Onder *De vloek van het schema* van vergeten schrijver Judicus Verstegen, die ik opzocht in een gekkenhuis in Heiloo, vind ik een enveloppe met foto's. Ze zijn genomen in een zaaltje aan de Kloveniersburgwal, waar ik een vergeten-dichtersavond organiseerde, toen van de serie een boek werd gemaakt. Een van de vergeten dichters ging maar door met voordragen, iemand moest de microfoon uit zijn handen trekken.

Zij zong die avond. Ze had een rokje aan, en een netpanty. Op de foto is een klein stukje van haar rode onderbroekje te zien.

In een kast vind ik een kaartje met een afbeelding van een geometrisch abstract schilderij van François Morellet: een raster van rode, blauwe en groene vierkantjes. 'Schadenfreude met een zeker hysterisch realisme', staat er. In letters die ze uit een krant had geknipt. Ze vond dat niet van toepassing op Morellet maar op mijn manier van schrijven.

Een brief van 11 april 2002. 'Ik ben bang voor de toekomst,' schrijft ze. 'Ik ben bang je pijn te doen, je teleur te stellen, niet te kunnen zijn wie jij denkt dat ik zijn kan. Ik ben bang dat ik mezelf altijd kapot zal moeten maken om mezelf toe te staan er ook te mogen zijn. Misschien is dat moeilijk te begrijpen. Misschien denk ik dat als ik pijn heb, ik het recht heb om ook mooie dingen te mogen meemaken. Ik weet het niet. Ik wil het ook niet meer weten.'

Ik blader door oude notitieboekjes, uit de tijd dat ik haar leerde kennen. Er staan aanzetjes in voor gedichten die ik nooit schreef. 'Overboord geslagen make-updoos op een kangoeroe-eiland,' lees ik ergens. Tussen een citaat uit Nabokovs *Uitnodiging voor een onthoofding* ('...zoals een rennende man een onvolledige voetafdruk achterlaat...') en haastig neergepende reportageaantekeningen (beschrijvingen van gespuis dat ik tegenkwam op station Lelylaan) ineens haar handschrift met haar naam en het telefoonnummer van haar huis in Londen.

Ik bekijk de nummers in mijn mobiele telefoon. Het nummer van het huis aan de gracht staat er nog steeds in. Het is nu zondagmiddag halfdrie. Ik zit achter mijn bureau aan de andere kant van de stad en toets het nummer in. 'Het nummer dat u gekozen hebt is niet toegewezen,' zegt een computerstem. 'Uw oproep kan niet worden uitgevoerd.'

In een van de notitieboekjes zie ik Griekse letters staan. Cum laude studeerde ze af, aan University College London, in filosofie en Oudgrieks. Ze leerde mij Grieks. Ze gaf me een schrift en een leerboek. Ik moest huiswerk maken.

Ik zet een oude laptop aan, de letter s ligt eraf. Na een kwartier is het apparaat opgestart. Ik kijk in het oude e-mailprogramma. Daar staat haar e-mailadres van het gymnasium in Rotterdam, waar ze lesgaf.

Op 23 februari 2003 stuurde ik een e-mail naar Thamkrabok Monastry in Thailand. 'Ik hoop dat het goed met je gaat en, bovenal, dat het verblijf daar zinvol is. Je kunt natuurlijk altijd snel terugkomen maar daarna kun je moeilijk weer terug naar Thailand, wees dus niet impulsief.' Monnik Phra Hans mailde mij een paar dagen later terug. 'She is doing very well, and she is sending you her love. In Dharma, Phra Hans.'

Op 11 mei 2008 is haar broer gestorven, 38 jaar oud. 'Door een tragisch ongeluk,' stond er in het overlijdensbericht in de krant. Zijn ex-vriendin belde mij. Ze vertelde dat hij in het huis van een trap was gevallen. Vanaf de straat had iemand hem zien liggen.

In de jaren voor zijn dood ging het juist goed met hem, zei de ex-vriendin. Elke maand kreeg hij een depotinjectie, waarbij een grote hoeveelheid medicatie met een holle naald in een spier wordt gespoten. Vier jaar lang was hij niet psychotisch geweest.

Zijn stemming was vlak, niet langer somber of euforisch. Maar dat matte was hem de keel uit gaan hangen. Hij weigerde de injecties en begon weer drugs te gebruiken. De psychose keerde terug en opnieuw belandde hij in een inrichting.

In de inrichting nam hij de medicatie weer en gedroeg hij zich voorbeeldig. Toen er besloten moest worden over verlenging van zijn opname liet een psychiater weten dat hij ontslagen kon worden.

Thuis bestelde hij meteen weer cocaïne en ghb. Hij nam te veel en raakte in paniek. Hij rende naar buiten en klom over een schutting. Een buurman kalmeerde hem en bracht hem weer naar binnen. De volgende ochtend, het was Moederdag, zag een voorbijganger hem liggen.

De ex-vriendin vroeg of ik naar de begrafenis zou komen. 'Of nee, dat is natuurlijk niet zo handig,' voegde ze eraan toe.

Later vertelde iemand mij dat ze nooit naar de begrafenis van haar broer is gegaan. Omdat ze de mensen niet tegen wilde komen die volgens haar verantwoordelijk waren voor zijn dood. Ze had wel een lied gecomponeerd en opgenomen. Het werd afgespeeld in de aula en het had prachtig geklonken.

Ik rijd naar het huis in Amsterdam-Oost waar haar broer woonde. En waar hij werd gevonden. Voor de deur is een parkeerplaats vrij. Ik heb vaak in dit huis geslapen, toen ik haar net leerde kennen. Het is een groot pand, met een voorhuis, een achterhuis en meerdere verdiepingen. De Shell-directeur had het voor zijn kinderen gekocht.

Op de bovenste verdiepingen woonde haar oudere zus. Samen met collega A., die net als ik bij het tijdschrift werkte. Collega A. kwam uit een welgestelde Gooise familie. Hij was niet blij toen we zwagers dreigden te worden.

Ik doe de auto op slot en loop naar het grote raam aan de voorkant. Er is folie op geplakt, zodat voorbijgangers niet naar binnen kunnen kijken. Aan de onderkant van het raam zit geen folie.

Gehurkt kijk ik naar binnen. Achter het raam is een vide met een balustrade. Op de vide staat een schildersezel met een surrealistisch schilderij. Ik zie meteen dat het gemaakt is door haar moeder, het huis in Wassenaar hing vol met haar surrealistische schilderijen.

Op het schilderij is een dromerige vrouw te zien die haar armen om een treurig kijkende jongen heen slaat. De vrouw heeft gevederde vleugels op haar rug, uit de schouders van de jongen groeien bladeren. Op het hoofd van de jongen ligt vreemd genoeg een witte gans.

Ik vraag me af of ze het schilderij hier in het huis van haar gestorven zoon heeft gemaakt, in de veronderstelling spiritueel met hem in contact te staan. Van de vide achter de voordeur gaat een trap naar de lager gelegen voorkamer. Aan de voet van de trap had de voorbijganger hem zien liggen.

Hij gebruikte de voorkamer als magazijn, als het goed met hem ging werkte hij als klusser. Een grote bende was het, overal lag gereedschap. Als het niet goed met hem ging kreeg het gereedschap magische betekenis. In dolle buien maaide hij in het rond met zagen en boormachines.

Halverwege de voorkamer is een trap naar de half-open kamer op de eerste verdieping waar zij sliep en waar haar kunstwerken stonden. Er lagen houten planken op de vloer, in de achtermuur was een zwart-marmeren schoorsteenmantel verwerkt.

De deur van het trappenhuis naar de verdiepingen van haar zus en collega A. gaat open. Een jongeman met een schoudertas komt naar buiten. Hij vertelt dat hij het huis heeft gekocht van de zus en collega A. In het benedenhuis komt niemand, voor zover hij weet. 'Er is daar een lijk gevonden,' zegt hij.

Van het huis van haar broer rijd ik naar het grachten-pand. Het is rustig aan de gracht, ik parkeer op de plek waar ik de vorige keer ook stond. Ik kijk weer door de voorruit naar het huis.

De gordijnen op de eerste verdieping zijn verschoven, dat zie ik meteen. En een ruitje, rechtsboven in het raam waar de verschoven gordijnen voor hangen, is ingetikt. Iemand heeft er een stuk glas overheen geplakt. De tekeningen hangen achter andere ruitjes.

Ik stap uit en loop naar de voordeur. Door het raam in de deur zie ik de gang. De gang met de zwart-witte tegels. Ik zie de balken die we samen donkerrood verfden, de muren maakten we mintgroen. Er ligt post op de vloer. Op een enveloppe van de Rabobank staat haar naam.

II

1

In het jaar voor ik Luna ontmoette had ik vier vriendinnen: het lieftallige meisje uit Lelystad, de oudere getrouwde vrouw, de dochter van een filosoof en de gravin. Op het lieftallige meisje uit Lelystad was ik uitgekeken. Dat vertelde ik haar, maar ze wilde het niet weten. Ik begon haar te bedriegen, met de oudere getrouwde vrouw.

De oudere getrouwde vrouw schreef recensies voor het tijdschrift waar ik werkte. We spraken meestal bij mij af, in mijn portiekwoning in de Amsterdamse buurt Slotervaart, met uitzicht op station Lelylaan. Het lieftallige meisje uit Lelystad had een eigen huis, in het weekeinde was ze meestal bij mij.

Op de dag dat in Enschede een vuurwerkfabriek ontplofte vond het lieftallige meisje uit Lelystad een haar van de oudere getrouwde vrouw op de bank. Ik vertelde wat er aan de hand was. 'Het is een grijze haar die is geverfd,' zei het lieftallige meisje. Ze vond het heel erg maar wilde bij me blijven.

Ik bleef de oudere getrouwde vrouw ontmoeten. 'Ik verf mijn haar niet,' zei ze. In diezelfde tijd begon ik een relatie met een andere medewerkster van het tijdschrift, de dochter van een onbekend gebleven Nederlandse filosoof. De dochter van de filosoof had een vriend met wie ze samenwoonde. Door onze relatie verliet ze haar vriend en ging ze in haar vroegere huis wonen.

Met de dochter van de filosoof dronk ik whisky. 's Nachts gingen we naar de tijdschriftredactie en sliepen op de vergadertafel. Met de oudere getrouwde vrouw had ik ook op de vergadertafel geslapen. Het lieftallige meisje was wanhopig toen ik vertelde over de dochter van de filosoof, maar ze bleef.

Ik bleef de oudere getrouwde vrouw en de dochter van de filosoof zien. Ook toen ik de gravin tegenkwam. De gravin ontmoette ik in een Amsterdamse sociëteit waar iemand van het tijdschrift een boekje presenteerde. Ze had lang blond haar en droeg een kort zwart rokje. Ze was familie van de Limburgse graaf die in de oorlog namens de NSB in de Eerste en Tweede Kamer zat.

De gravin woonde in een patriciërswoning aan een van de grachten, samen met haar rijke moeder, die afstamde van de Habsburgers. Haar vader had een nieuwe vrouw. Hij was ambassadeur in Spanje. Bij zijn benoeming was hij tot ongeloof van het voltallig aanwezige corps diplomatique in een achttiende-eeuws gezantenkostuum verschenen, compleet met sabel en epauletten.

De gravin werkte niet. Ze sliep uit tot twaalf uur en keek veel televisie.

Ik raakte uitgekeken op de oudere getrouwde vrouw. Ze had mij hoofdluis bezorgd, het heerste op de school van haar kinderen. Waarom doe ik dit, dacht ik toen ik in mijn portiekwoning in Slotervaart mijn haar met antiluizenshampoo waste.

Na afloop van een borrel bij het tijdschrift vroeg de oudere getrouwde vrouw of ik zin had om met haar naar een hotel te gaan. We fietsten naar hotel Aspen, in de Raadhuisstraat. De oudere getrouwde vrouw wilde contant betalen, anders zou haar man de naam van het hotel op haar bankafschrift kunnen zien.

Ze had niet genoeg contant geld om de kamer te betalen. 'Het is maar voor even,' zei de oudere getrouwde vrouw. 'Dat maakt mij niet uit,' zei de hotelier. Uiteindelijk nam hij genoegen met een hoeveelheid Belgische franken die ze op de bodem van haar tasje vond. Op de kamer ging ze op het bed liggen. Ik zei dat ik was vergeten mijn fiets op slot te zetten. Ik liep het hotel uit en fietste weg.

Met de gravin ging ik naar een boekpresentatie waar de oudere getrouwde vrouw en de dochter van de filosoof ook waren. De dochter van de filosoof zei dat ze last had van haar knie, en vertrok. De oudere getrouwde vrouw zei dat de gravin eruitzag als een hoer. Voor het lieftallige meisje uit Lelystad was het te veel. Toen ik haar van de gravin vertelde, wilde ze niet langer bij me blijven.

De gravin had last van stemmingswisselingen. 'Dat komt door mijn schildklier,' zei ze. In een kliniek in 't Gooi liet ze zich bestralen door een apparaat dat niet door de wetenschap werd erkend.

Haar Habsburgse moeder nam ons mee naar een adelfeestje in IJmuiden. Daar ontmoette ik de tante van de gravin, een barones. De tante was eigenlijk ook gravin, maar door haar huwelijk met een baron was ze afgezakt tot barones.

Op het adelfeestje zei de barones dat er een holocaust op dieren gaande was. In Nederland was het mond-en-klauwzeervirus uitgebroken, vee werd op grote schaal afgemaakt. De barones wilde dat ik er in het tijdschrift een reportage over schreef, ze zou mij de holocaust van dichtbij laten zien. 'Je hebt tante belachelijk gemaakt,' zei de gravin toen het artikel verscheen.

Met de gravin verbleef ik een weekend in een stilteboerderij in de Ooijpolder bij Nijmegen. We liepen langs weilanden en ik begon over de Limburgse graaf die namens de N S B in de Eerste en Tweede Kamer had gezeten. 'Ik ben niet geïnteresseerd in geschiedenis,' zei de gravin. We gingen naar een militaire begraafplaats in de buurt van Babberich. Daar plaste de gravin over het graf van een onbekende soldaat.

In die tijd nam ik af en toe speed. Ik had gehoord dat Amerikaanse F16-piloten het tijdens de Golfoorlog gebruikten om helder te blijven. Het bleek een ideaal middel bij het schrijven van artikelen.

Op de eindredactie van het tijdschrift werkte een man die heroïne rookte. Een paar keer per dag rende hij de trappen af, sprong op zijn fiets en racete naar de Zeedijk. Soms kwam een dealer naar de redactie, die beleefd beneden in de hal op hem wachtte.

Met de heroïne sloot de eindredacteur zich op in het toilet, waar hij het op folie verhitte en rookte. De geur bleef lang in het toilet hangen. Het rook zoals honden ruiken als ze in een sloot hebben gezwommen.

De eindredacteur verdiende niet veel bij het tijdschrift. Maar hij wist handige manieren om zijn salaris aan te vullen. Hij vroeg de boekhouder om voorschotten voor artikelen die niet of veel later pas verschenen, en griste als niemand keek recensie-exemplaren van pas verschenen boeken uit de kast in het kamertje van de redactieassistente.

Met de recensie-exemplaren fietste hij naar antiquariaten in het centrum, die goede prijzen boden voor fonkelnieuwe uitgaven. Zo kon het gebeuren dat een schrijver die op weg was naar de feestelijke presentatie van zijn nieuwste boek, datzelfde boek prominent in de etalage van een antiquariaat zag liggen.

Toen ik de eindredacteur om speed vroeg, noemde hij de naam van een homoseksuele journalist die af en toe voor ons tijdschrift schreef. De homoseksuele journalist wilde mij graag van speed voorzien.

Op de wc waar de eindredacteur zijn heroïne rookte, stampte ik de grove gele korrels fijn. Het poeder snoof ik door een buisje dat ik rolde van een bankbiljet. Ik begon te schrijven en de volgende ochtend was mijn artikel klaar. Van de speed kreeg ik een droge mond, de hele dag maalde ik met mijn kaken.

De homoseksuele journalist liet blijken dat hij verliefd op mij was. Omdat ik niemand anders in Amsterdam kende die speed gebruikte, stapte ik over op cocaïne. In een café aan de Nieuwezijds Voorburgwal stelde een Surinamer mij voor aan een Marokkaan die zich Gali noemde. 'Ik verkoop alleen op de fiets,' zei Gali.

Als ik hem belde, kwam Gali op zijn herenfiets met kinderzitje naar de Dam. Naast elkaar fietsten we over het Rokin, hij gaf mij het pakje en ik hem het geld. Altijd gaf Gali er gratis xtc-pillen bij.

De xtc-pillen waren beter dan de cocaïne. Het leek of ik mijn hele leven bedroefd was geweest. Terwijl er helemaal geen reden was om bedroefd te zijn. 'Dit is hoe ik eigenlijk had moeten zijn,' zei ik tegen Gali. 'Dit is hoe ik als mens bedoeld ben.'

De dochter van de filosoof keerde terug naar haar vriend en raakte zwanger van hem, de oudere getrouwde vrouw liet na het bezoek aan hotel Aspen niets meer van zich horen. Tussen de gravin en mij ging het niet goed. Ze raakte in de ban van astrologie, alles wat ik deed of zei had met mijn sterrenbeeld te maken. In een boze bui scheurde ik haar douchegordijn aan flarden, buiten trok ik een klimop van de muur.

De gravin zei dat ze meer van dieren dan van mensen hield. Ze had zich aangemeld als vrijwilliger bij een opvangcentrum voor verwaarloosde apen in Almere. Na een dag werken was ze er weer mee gestopt. Een chimpansee had zijn hand uit de kooi gestoken en haar lange blonde haar vastgegrepen, pas na een uur liet hij los.

In het najaar van 2001 ging ik met de gravin naar Zuid-Frankrijk. Ik was bevriend met een oude journalist die in Saint-Rémy-de-Provence woonde. De oude journalist moest een week naar Parijs, wij zouden op zijn huis passen.

De eerste twee dagen brachten we met z'n drieën door. De gravin werd boos toen de oude journalist vertelde dat hij zijn vrouw en dochter in de steek had gelaten. Zijn dochter wilde hem naar aanleiding daarvan niet meer zien. 'Ik weet dat je een paar boeken hebt geschreven,' zei de gravin tegen de oude journalist. 'Maar een goede vader ben je nooit geweest.' De oude journalist schonk zichzelf nog een glaasje korenwijn in. 'Zuiplap,' zei de gravin.

'Het komt door haar schildklier,' zei ik tegen de oude journalist toen de gravin naar bed ging, ze sliep met een masker en deed dopjes in haar oren. De oude journalist zei dat hij ooit met een jonkvrouw was die ook iets aan haar schildklier had. Hij vond dat ik het meisje uit Lelystad nooit had moeten laten gaan.

De oude journalist was een paar dagen in Parijs toen in New York de vliegtuigen in het World Trade Center vlogen. Op CNN bekeek ik de beelden. Na vijf minuten werd de gravin ongeduldig. Ze wilde op een andere zender naar een romantische film kijken.

Ik liep de tuin in en belde de dochter van de filosoof. 'Ik moest ook meteen aan jou denken,' zei ze. Toen de gravin merkte dat ik met de dochter van de filosoof belde, rende ze in haar korte rokje de tuin uit. Een paar uur later vond ik haar terug op een terras in Saint-Rémy, waar ze met een Fransman Ricard zat te drinken.

Anderhalve week later vloog ik met een vergeten dichter naar IJsland. Lang geleden had hij de bundel *Hraun* gepubliceerd. Omdat *Hraun* op IJsland was ontstaan, leek het mij een goed idee om daar opnieuw met de vergeten dichter naartoe te gaan.

De gravin wilde mee naar IJsland. Terwijl de ruzies in Zuid-Frankrijk alleen maar erger waren geworden, drie keer had ik op het punt gestaan haar in Tarascon op de trein te zetten.

Op IJsland trok ik intensief met de vergeten dichter op. De gravin wilde naar The Blue Lagoon, een minerale bron met heilzame werking. 'Flikker toch op met je Blue Lagoon,' zei ik, terwijl we door de straten van Reykjavik liepen. De gravin gaf mij een stomp, bij een visrestaurant duwde ik haar de bosjes in.

We spraken niet meer tegen elkaar. In het vliegtuig naar Amsterdam vroeg ik om een andere stoel. Ik zag dat een stewardess twee plastic bekertjes aan de gravin gaf. Tijdens het opstijgen drukte de gravin de plastic bekertjes tegen haar oren. Op Schiphol raapte ik mijn koffer van de band en ging ik ervandoor.

2

Twee dagen nadat ik met de gravin was teruggekomen van IJsland trouwde collega A. met de oudste dochter van de Shell-directeur. Het was zaterdag 29 september 2001. Ze vierden het bruiloftsfeest op een kasteel bij Antwerpen. De hele redactie was uitgenodigd.

Ik reed mee met collega B. en zijn vriendin. De dochter van de filosoof zat ook in de auto. We stopten bij Best Western-hotel Ter Elst in Edegem. Het gebouw van grauwgrijze systeemplaten stond op een industrieterrein. Bij de balie kregen we drie sleutels.

We legden onze spullen op de kamers en reden naar kasteel Cleydael in Aartselaar. In de buurt van Aartselaar lagen de plaatsjes Reet en Kontich. 'Reet, Kontich, Aartselaar, welkom in het land van Marc Dutroux,' zei collega B. De dochter van de filosoof vroeg of ik haar lippenstift bij me wilde houden, ze had geen zakken in haar jurkje.

Het was tien minuten rijden van het Best Western-hotel naar kasteel Cleydael. We kwamen langs auto-showrooms, fastfoodrestaurants en groothandels. We sloegen rechts af bij een wasstraat en reden langs golf-banen. Tussen de industrieterreinen en de golfbanen was een klein stukje bos blijven staan. In het bos lag het kasteel met een slotgracht eromheen. Het kasteel had vier torens: een ronde, een vierkante, een uivormi-ge en een spitse.

De brug naar de poort was verlicht met fakkels. Op de binnenplaats dronken genodigden champagne. Ik gaf collega A. een hand en kuste de oudste Shell-dochter op haar wang. Ze droeg een witte bruidsjurk met een sleep. Ze vroeg waar de gravin was. Ik vertelde dat het uit was gegaan in IJsland.

We gingen aan ronde tafels zitten. De vader van col-lega A. hield een toespraak. Hij was hoogleraar en had een roman gepubliceerd. Naast mij zat een medewer-ker van het tijdschrift. Tijdens de toespraak vertelde de medewerker dat de hoogleraar in de roman zijn verhouding met een presentatrice had verwerkt.

De vrouw van de hoogleraar, de moeder van collega A., wist niks van die verhouding. Ze zou zijn rondge-gaan met een dienblad vol toastjes toen de hoogleraar bij het verschijnen van het boek een feestje gaf in zijn woning in 't Gooi.

Ik zag een wonderschoon meisje door de zaal lopen. Ze was dun, haar knieën leken bijna dikker dan haar benen. Ze droeg een glitterjurkje en had hoge hakken aan. Ze waggelde een beetje op die hakken. Even later ging het wonderschone meisje op de lege stoel naast mij zitten.

Ze begon te praten tegen de dochter van de filosoof, die rechts van haar zat. Ze zei dat ze Luna heette en dat ze het zusje van de bruid was. Luna vertelde dat haar oma dood was gegaan en dat haar broer in een inrichting was opgenomen omdat hij huisraad op straat had gegooid. Ze vond dat de bruiloft niet door had mogen gaan.

Luna keek mij aan. Ik zei dat ik niet wist dat de bruid een zusje had. 'Ze houden mij het liefst verborgen,' zei ze. Haar rug was kaarsrecht, ze had lange slanke vingers. Haar donkerbruine haar was opgestoken met een bruine clip, haar oorlellen waren vastgegroeid aan haar schedel.

Ik vertelde dat vaste oorlellen bijzonder zijn. 'Slechts een kwart van de mensen heeft zulke oorlellen als jij,' zei ik. Dat had ik een keer in een onderzoek gelezen.

We liepen naar een zijvertrek. Daar stond een rode bank. We gingen op de bank zitten. Luna rookte en dronk wijn. Een vol glas sloeg ze in één teug achterover. Ik weet niet hoe lang we op de bank zaten, we voerden krankzinnige gesprekken.

Ineens stond haar zus voor ons, in haar witte bruidsjurk met sleep. 'Hij heeft drie vrouwenlevens verwoest,' zei ze. Ze trok Luna omhoog en sleurde haar mee naar een andere kamer. Een vriend van collega A. kwam naar mij toe. 'Het is beter als je uit haar buurt blijft,' zei hij.

Ik liep door het kasteel. Bij een trap stond collega B. te praten met de Shell-directeur en diens vrouw. Het gesprek ging over stammen in de Nigerdelta die compensatie eisten van de oliemaatschappij. 'We geven Groningse boeren toch ook geen gratis aardgas om ze te compenseren?' zei de Shell-directeur.

Ik was voor het tijdschrift in Nigeria geweest. Totaal onvoorbereid kwam ik in 1999 in Lagos aan. Een Nigeriaanse journalist ontfermde zich over mij, hij verjoeg oplichters en ontzette mij uit menigtes. Op een dag zag ik een verkoold lijk op straat liggen, met eromheen de resten van een autoband. 'Zo rekenen ze hier af met overvallers,' zei de Nigeriaanse journalist.

Ik zei tegen de Shell-directeur en zijn vrouw dat ik bezig was om de Nigeriaanse journalist een keer naar Nederland te laten overkomen, een ontwikkelingsorganisatie was bereid een bijdrage aan de reis te leveren. 'Pas maar op met die Nigerianen,' zei de Shell-directeur.

De vrouw van de Shell-directeur vertelde dat zij in

Warri, een stad in de Nigerdelta, met hulp van een dikke Nigeriaanse vrouw een modderplas had ontweken. 'We grepen elkaar vast en dansten vrolijk rond de plas.'

Rond middernacht wilde collega B. terug naar het hotel. Het regende hard, de fakkels op de brug waren gedoofd. We reden het bos uit, op de industrieterreinen brandden gele lampen. Op de Antwerpsesteenweg, voor Midas Auto-onderdelen, zag ik iemand in de berm staan. Een verkleumde gestalte op hoge hakken, in een doorweekt glitterjurkje. 'Stop,' riep ik, 'daar staat Luna, het zusje van de bruid.'

Luna ging op de achterbank tussen mij en de dochter van de filosoof in zitten, collega B. haalde een deken uit de achterbak. 'Wil jij verkracht en vermoord worden?' zei de dochter van de filosoof. 'Ik wil naar Antwerpen,' zei Luna. 'Je bent in de war,' zei de dochter van de filosoof.

We namen haar mee naar het Best Western-hotel. De dochter van de filosoof zei dat ik bij haar op de kamer kon slapen, dan kon Luna de derde kamer nemen. 'Als jij niet bij me blijft ga ik naar Antwerpen,' zei Luna tegen mij. Ik nam haar mee naar mijn kamer en deed de deur op slot. De dochter van de filosoof klopte nog een paar keer op de deur.

Luna trok haar hakken en haar natte glitterjurkje uit en ging op het bed liggen. 'Je bent de mooiste jongen die ik ooit heb gezien,' zei ze. 'Ik heb dat vaker gezegd maar toen betekende het niets.' Na een tijdje viel ze in slaap. Ik legde de deken over haar heen, het natte glitterjurkje hing ik over de verwarming.

Om zeven uur 's ochtends ging de telefoon in de hotelkamer. Het was de Shell-directeur, hij stond beneden bij de receptie. Hij vroeg of zijn dochter bij mij was. 'Luna ligt hier te slapen,' zei ik. 'Dan kom ik nu naar boven,' zei hij. Ik maakte haar wakker. 'Je vader komt eraan.' Ze trok haar glitterjurkje aan en stapte in haar hakken.

De Shell-directeur kwam de kamer binnen. Hij greep zijn dochter bij haar arm en trok haar de gang op. Ik keek uit het raam. Over het parkeerterrein liepen ze naar een grote Audi. Luna ging achterin zitten, de Audi reed weg. Naast het bed lag de bruine haarclip.

Op de redactie zaten collega A. en ik tegenover elkaar. Collega A. droeg kleren die hij kocht in Londen, hij tikte zijn stukjes op een flinterdunne laptop. Regelmatig controleerde hij of zijn haar nog goed zat, ik vermoedde dat hij cosmetica gebruikte.

Collega A. was geïnteresseerd in trends en lifestyle. Hij schreef over David Beckham en Charles Saatchi, in vrijwel al zijn artikelen kwam het woord 'hip' voor. Wanneer enkele schrijvers gelijktijdig debuteerden schreef collega A. dat er een nieuwe literaire beweging was ontstaan.

Hij was de oudste dochter van de Shell-directeur tegengekomen toen hij werkte aan een artikel over hiphop in Nederland. Ze zong in een hiphopband. 'Ik ben hartstikke wit, ik ondervind de zwarte problemen niet aan den lijve,' zei ze in het artikel. 'Maar ik doe gewoon iets waar ik hartstikke goed in ben.'

Soms verscheen de oudste Shell-dochter op de redactie, altijd mysterieus gekleed en met een grote zonnebril op. Collega A. vertelde dat ze heel veel las, met een paar vriendinnen was ze een leesgroepje begonnen. 'Op dinsdagavond zitten de mooiste vrouwen van Amsterdam bij mij thuis,' zei hij. Met haar zangcarrière ging het niet goed, een paar jaar later werkte ze als beleidsmedewerkster op het ministerie van Landbouw.

De maandag na de bruiloft vroeg ik aan collega A. het telefoonnummer van zijn schoonzusje. 'Ze heeft een haarclip in de hotelkamer laten liggen,' zei ik. Collega A. zei dat hij het nummer niet had, aan zijn vrouw wilde hij het niet vragen. Hij boog zich over zijn flinterdunne laptop en typte verder.

Twee weken later vierde de hoofdredacteur zijn zestigste verjaardag in Hotel de l'Europe, een dag nadat de Amerikanen Afghanistan begonnen te bombarderen als vergelding voor de aanslagen van 11 september.

Ik zag de vriend van collega A., die op de bruiloft had gezegd dat ik beter uit haar buurt kon blijven. Ik vertelde van de haarclip en vroeg hem om het nummer. 'Ik heb het wel maar ik mag het niet aan je geven,' zei de vriend van collega A.

Na lang aarzelen gaf hij het nummer van zijn vriendin, die ook in het vrouwenleesclubje zat. Op de stoep voor Hotel de l'Europe belde ik de vriendin. Ze wilde weten waarom ik Luna wilde zien. 'Omdat ik een haarclip van haar heb,' zei ik.

De vriendin uit het leesclubje gaf mij het nummer. 'Je hebt het niet van mij,' zei ze. Meteen belde ik, op de stoep voor De l'Europe. We spraken af dat we elkaar de volgende dag om vier uur in een café bij het Leidseplein zouden ontmoeten. Daarvoor moest ze een van haar liedjes zingen bij een televisieprogramma dat gepresenteerd werd door Johnny de Mol.

De volgende dag wachtte ik aan een tafeltje bij het raam. Op het tafeltje legde ik de haarclip neer. Ik zag haar aankomen, ze had een gitaar bij zich. Ze droeg een netpanty, dezelfde hakken en een kort roze jurkje. Haar bruine haar hing los.

Met veel kabaal kwam Luna binnen. De gitaar stootte tegen de deurpost aan, ze verloor haar evenwicht op haar hoge zwarte hakken. Ze greep een stoel vast waar iemand op zat.

Ze liep naar de bar en riep met hese stem om witbier en jenever. Ze ging tegenover mij zitten, de gitaar viel op de grond. Het optreden in het televisieprogramma was niet goed gegaan. Ze moest op een hoge kruk zitten waar ze bijna van af was gevallen. 'Fuck it,' had ze geroepen, tot grote schrik van Johnny de Mol.

Luna was boos op collega A., die haar telefoonnummer niet had willen geven. En op haar vader, die haar het hotel uit had gesleurd. Ik schoof de haarclip naar haar toe. Ze stak haar bruine haar op, deed de clip erin en bestelde nog een witbier en een jenever.

Ze begon over het trouwkaartje van haar zus en collega A. 'Let us go then, you and I', stond er op dat trouwkaartje, de beginregel van het gedicht *The Love Song of J. Alfred Prufrock* van T.S. Eliot.

Luna vond het vreemd dat die regel op het trouwkaartje stond. Het gedicht ging volgens haar over een seksueel gefrustreerde man van middelbare leeftijd. Vanwege een persoonlijkheidsstoornis heeft hij het over *you* and *I*, met liefde zou het niets te maken hebben. Collega A., die voor het tijdschrift over literatuur schreef, had beter moeten weten.

Ze begon over *The Waste Land*, dat andere gedicht van Eliot. De Amerikanen en de Britten waren nog steeds bezig met het bombarderen van Afghanistan. Ze zei dat het net leek of dat allemaal werd beschreven in 'What the thunder said', het vijfde deel van het gedicht.

Ze haalde een beduimeld exemplaar van Eliots *Selected Poems* uit haar handtas. Ze liet zien dat er 'vallende torens' in voorkwamen, en een stad die 'barst en vervormt'. In het dorre landschap van rotsen en gebarsten lemen huizen was sprake van een 'verzakt gat', dat was natuurlijk de grot van Bin Laden.

Luna was bezeten van haar ontdekking, ze wilde er een documentaire over maken. Met acteur Alec Guinness zou ze naar Afghanistan reizen. Alec Guinness had de juiste stem om op een stoffige Afghaanse vlakte het gedicht voor te dragen. In het café belde ze een vriend in Londen op die een documentaire had gemaakt voor Channel 4. Ze zei dat hij contact op moest nemen met Alec Guinness.

Buiten werd het donker. Luna en ik fietsten van het café naar het huis van haar broer, die ergens in een inrichting zat opgesloten. Ik zette mijn fiets om de hoek op slot, voor de bioscoop. Ik wilde niet dat collega A. mij zou zien, die met haar zus op de bovenverdiepingen woonde.

Door de gereedschapskamer, ik struikelde over een lijmklem, liepen we naar de keuken aan de achterzijde. Vanuit de keuken kon je de achterkant van de bioscoop zien. Mensen stonden in de rij voor een zaal, een medewerker scheurde kaartjes af.

Luna deed de gordijnen dicht. We gingen aan de keukentafel zitten. In het plafond boven de keukentafel had haar broer een glasplaat gelegd, je kon de kamer erboven zien. Ze haalde speed tevoorschijn. Ze had het gekocht op een woonboot in de Prinsengracht. Daar woonde een dealer die ze was tegengekomen in een club aan de Nieuwezijds Voorburgwal.

Ze pakte haar gitaar en begon te zingen, een zelfgeschreven liedje over een mislukte liefde. Ik zei dat haar stem op die van de zangeres Nico leek. Sowieso vond ik dat ze op Nico leek. Op de tafel legde ik met mijn bankpas twee lijntjes klaar.

Luna rolde een buisje van een tieneurobiljet. Ze stak het buisje in haar neusgat en snoof een lijntje weg. Ze kneep haar ogen dicht en legde haar hoofd in haar nek. 'Met jou kan ik mijn leven op orde krijgen,' zei ze. 'Beloof me dat je altijd bij me blijft.'

We liepen naar de bioscoop en dronken whisky aan de bar. Er was geen vermoeidheid, alles was helder. Haarscherp zag ik Luna. 'Wij zijn bondgenoten,' zei ik. 'Niemand kan ons ooit nog uit elkaar halen.'

We gingen naar de avondwinkel en kochten een fles

witte wijn. In het huis van haar broer was geen kurkentrekker te vinden. Met een schroevendraaier uit zijn gereedschapskist wrikte ik de kurk uit de fles.

Op straat hielden we een taxi aan. We gingen naar de club aan de Nieuwezijds Voorburgwal waar ze de speeddealer had ontmoet. Binnen gingen we tegen elkaar aan zitten. We dronken whisky en keken naar dansende mensen. Als de vermoeidheid met paniekvlagen terugkwam, namen we een snuifje op het toilet.

Door de regen liepen we terug. We zoenden in het huis van haar broer, onze monden waren droog en onze kaken maalden. Luna haalde een colafles tevoorschijn waar een doorzichtige vloeistof in zat. Ze gaf mij een dopje, het smaakte zout.

Ze nam een paar dopjes achter elkaar, en nog een paar dopjes. Alles begon zacht aan te voelen, het was alsof we in de buik van een walvis zaten. Ik zei dat ik altijd met haar in de walvisbuik wilde blijven.

De volgende ochtend stapte ze uit bed en snoof een lijntje speed. 'Nee, dank je,' zei ik toen ze mij het spiegeltje aanreikte. In de halfopen kamer zag ik vreemde kunstwerken staan. 'Dat zijn mijn lichtbakken,' zei Luna. Het waren houten frames met een tl-buis aan de binnenzijde. Er was canvasdoek overheen gespannen waar een kleiachtige substantie op was aangebracht. In de substantie had ze met een mesje afbeeldingen geëtst.

Luna deed de stekkers in de stopcontacten, knipperend gingen de lichtbakken aan. Ik zag smekend kijkende vrouwenhoofden, galopperende paarden, onderwatertaferelen en brandende gebouwen.

Ze was bezig met een beeld uit de film *On the Waterfront*: Marlon Brando met een vogel op zijn hand voor een hek, Eva Marie Saint achter het hek. Luna had het originele filmbeeld uitvergroot en aan de muur gehangen. Ze ging op een kruk voor het doek zitten en nam een slok uit het colaflesje. Met een mesje begon ze te krassen. Ze leek volmaakt gelukkig.

In het trappenhuis hoorde ik voetstappen. Een deur sloeg dicht, collega A. liep voor het grote raam langs, op weg naar de redactie. Wat later verliet ik het huis. Ik liep naar de bioscoop, maakte mijn fiets los en reed naar de redactie. Ik ging achter mijn bureau zitten, tegenover collega A.

3

We waren in het huis van haar broer. Luna nam speed en ging op de kruk voor de lichtbak zitten. Met het mesje kraste ze afbeeldingen in de substantie, Marlon Brando vorderde. 'De duif is het moeilijkst,' zei ze. We dronken glaasjes wodka. Ze pakte haar gitaar en zong een liedje.

Iemand klopte op het raam. 'Mijn vader,' zei Luna. Ze wilde niet dat hij mij zag. 'Je bent dronken en stoned.' Aan de achterkant van het huis ging ik door de keukendeur naar buiten terwijl de Shell-directeur aan de voorkant binnenkwam. 'Wat is er met je aan de hand, je kijkt zo gek,' hoorde ik hem zeggen. Ik stond op de binnenplaats en ging de bioscoop binnen.

Ik liep naar de redactie. Daar zat collega A. achter zijn dunne laptop. 'Ik heb gehoord dat je contact hebt met Luna,' zei collega A. 'Laten we een keer met zijn vieren uit eten gaan,' zei ik. 'Ik wil er niets mee te maken hebben,' zei collega A.

Aan mijn bureau tegenover collega A. begon ik aan

een stukje voor het komende nummer. Het ging over de nationale ombudsman, die een Turkse man in het gelijk had gesteld.

De Turkse man vond dat Turk-onvriendelijke uitdrukkingen als 'aangaan als een Turk' en 'zo zwart zien als een Turk' uit het *Groot Woordenboek der Nederlandse taal* gehaald moesten worden. 'Moeten woordenboekmakers bepaalde woorden discrimineren omdat taalgebruikers die woorden discriminerend gebruiken?' schreef ik.

Luna wilde mijn huis zien. Het was aan het einde van een middag en we dronken wodka in het huis van haar broer. Buiten stormde het, we trokken regenjassen aan. Ze stapte op de fiets van haar broer. Slingerend reed ze voor mij uit.

Aan het eind van de straat was een ambulancepost. Voor de ambulancepost knalde ze op een auto die de hoek om kwam. De auto reed door, een ambulancebroeder kwam naar buiten. 'Blijven liggen,' zei de ambulancebroeder. 'Ik voel helemaal niets,' zei Luna tegen de ambulancebroeder. Ze stond op. Ik zette haar stuur recht en kuste haar. We fietsten verder.

Doorweekt kwamen we aan bij mijn portiekflat in Slotervaart. We liepen de trappen op en gingen het huis binnen. De tussendeuren had ik zilver geverfd, op de muren geel behang geplakt. In de huiskamer hoorde ik skamuziek van de skinhead.

Het meisje uit Lelystad was veel in mijn huis geweest. Ze hield het laminaat schoon en lapte de ramen. De oudere getrouwde vrouw was er ook vaak geweest. Meestal kwam ze met de metro, op station Lelylaan stapte ze uit. De gravin was er minder vaak, ze vond de buurt naargeestig.

Met de dochter van de filosoof had ik aan het bureau in de woonkamer een stuk geschreven, over de teloorgang van het filosofieonderwijs aan de universiteit. 'Merk je niet dat er iets speelt tussen ons?' had de dochter van de filosoof gezegd toen het stuk af was.

We deden onze natte kleren uit en namen een douche. Ik zeepte Luna in, mijn handen gleden over haar ribben, heupbeenderen en schouderbladen. Ze had platte borsten met grote tepels. Onder de douche leken haar smalle billen keitjes in een ondiepe rivier.

Ze deed kleren van mij aan, een grijze pantalon en een zwarte trui. Ik pakte een fles korenwijn uit de koelkast. We gingen op de bank zitten, de bank waar het lieftallige meisje uit Lelystad de haar van de oudere getrouwde vrouw op had gevonden.

Luna vertelde dat ze in Londen heroïne had gebruikt. Ze rookte het, maar ze had het ook een keer gespoten. In haar voet, waar een gezwel was ontstaan. 'Ik heb moeilijke aders,' zei ze.

In Londen had Luna filosofie en Oudgrieks gestudeerd. Haar appartement was niet ver van het stadion van Arsenal, ze woonde er met een magere kat. 's Avonds zong ze in een bandje, dat ontdekt werd door een manager die Ian heette. Toen Ian een contract regelde met een platenmaatschappij was Luna begonnen met heroïne. 'Met heroïne kun je heel goed zingen,' zei ze.

In die tijd zag ze eruit als Amy Winehouse. Na een paar maanden wilde ze stoppen. 'Het leven van een junk is heel erg saai.' Ze kickte af bij een vriendin met wie ze had gestudeerd. De vriendin had een baan en woonde samen met een vriend. De vriendin deed haar in bad en waste drie keer per dag de lakens.

Ze begon opnieuw toen ze op een technofeest in een kraakpand de heroïnedealer tegenkwam. Op dat technofeest zag ze een blote baby over de dansvloer kruipen, de moeder lag bewusteloos in een hoek. Na een paar maanden wilde ze weer stoppen. Ze durfde niet naar de vriendin te gaan. Ze deed de magere kat in een mandje en belde haar ouders in Wassenaar.

De Shell-directeur en zijn vrouw hadden haar opgehaald van Schiphol. Zwetend en rillend ging hun dochter met de magere kat langs de douane. Ze namen haar mee in de Audi en reden naar het huis in Wassenaar.

Het huis was gebouwd als koetsierswoning. Oorspronkelijk hoorde het bij een landhuis dat door Maleisië was aangekocht als ambassadeurswoning. De Shell-directeur had een bungalow en een piramidevormige serre aan de koetsierswoning laten vastbouwen. In de enorme tuin groeiden eikenbomen en er waren duinheuveltjes waar je van af kon rollen.

In dat huis was Luna opgegroeid, met haar oudere broer en haar oudere zus. Op haar zestiende waren haar ouders naar Istanbul vertrokken, de Shell-directeur moest in Turkije een werkmaatschappij opzetten. Haar broer en zus waren oud genoeg om op zichzelf te wonen, voor hen kocht de Shell-directeur in Amsterdam het huis in de straat met de ambulancepost.

Luna moest onder toezicht van haar oma en een kindermeisje in Wassenaar haar school afmaken. Ze deed gymnasium-B aan een lyceum. Na school ging ze naar een coffeeshop in Den Haag. Toen het kindermeisje haar ouders vertelde dat Luna elke dag blowde, lieten ze haar naar Istanbul komen.

Ze stuurden haar naar een privéschool voor rijke Turken en kinderen van expats. Elke ochtend moesten de leerlingen in uniform aantreden op het schoolplein. De vlag werd gehesen en het Turkse volkslied gespeeld.

Meisjes moesten een blouse en een rok aan. Meestal liep Luna van de Shell-compound naar school. In de buurt van de school klom ze over een hek, om geen omweg te hoeven maken. Jongens van de school wachtten bij het hek en gluurden onder haar rok. Op een keer ging ze met een Turkse jongen mee die haar tegen haar zin ontmaagde.

Ze was met goede cijfers afgestudeerd. Sommige studenten van de Turkse privéschool studeerden verder in Londen. Luna wilde dat ook. De Shell-directeur kocht een huis voor haar. Luna was achttien en ze woonde alleen in Londen.

De Shell-directeur had de Audi op het grind voor de garage geparkeerd, haar moeder was met haar naar de voordeur gelopen. Binnen deed Luna het poezenmandje open. De magere kat wilde er niet uit, met voer moest hij worden gelokt.

Luna wilde in het kamertje waar haar oma sliep als ze kwam logeren. Het was een klein kamertje aan de achterkant van het huis met een badkamer ernaast. Er stond een tweepersoonsbed in. Rillend en zwetend lag Luna in dat bed. Ze keek door het raam, de eikenbomen waren kaal. Grillig bewogen de takken in de wind.

Ze ging in bad en weer uit bad. Ze gaf over op het toilet. Ze riep de magere kat en joeg hem weer weg. Haar vader en moeder kwamen om de beurt kijken. 'Kind, ik houd zoveel van je,' zei haar moeder telkens. De volgende dag wilde ze het huis uit. 'Ik kan niet zomaar stoppen,' zei ze. De Shell-directeur hield haar tegen. 'Jij gaat nergens naartoe,' brulde hij.

Luna klom uit het raam van het kamertje en rende door de tuin. Bij een van de duinheuveltjes in zijn tuin haalde de Shell-directeur haar in. Ze zei dat ze langzaam wilde afbouwen. De Shell-directeur overlegde met zijn vrouw. Hij wist een manier om aan heroïne te komen. Van zijn zoon had hij gehoord dat de eindredacteur van het tijdschrift het gebruikte. Zijn aanstaande schoonzoon, collega A., zou het bij hem kunnen kopen.

Op de bank in mijn portiekwoning keek ik Luna verbijsterd aan. De keurige en correcte collega A. had bemiddeld bij de aankoop van heroïne!

Een paar weken lang kocht collega A. met geld van zijn aanstaande schoonvader heroïne van de eindredacteur. Met de heroïne in zijn dashboardkastje reed de Shell-directeur in de Audi van Amsterdam naar Wassenaar. De eindredacteur profiteerde ervan. Van elk gram dat de Shell-directeur bestelde, hield hij een kwart voor zichzelf.

Luna rookte de heroïne op het kleine kamertje waar haar oma soms logeerde. Ze blies wolkjes richting de magere kat, die spinnend op haar bed lag. Haar moeder had haar een rol aluminiumfolie gegeven. En een ordner met insteekhoezen. Daar kon ze het geblakerde folie in doen. 'Als aandenken aan een tijd die nooit meer terugkomt,' zei haar moeder. Elke dag nam Luna minder heroïne, na anderhalve maand was ze clean.

Ze wilde niet meteen terug naar Londen. In het huis in de straat met de ambulancepost maakte haar broer de halfopen kamer vrij. Hij timmerde bekistingen voor haar lichtbakken, zodat ze aan de slag kon. Luna sprak niet met haar zus, die erboven woonde.

Haar zus had gezegd dat het een slecht idee was dat ze bij haar broer in huis ging wonen. Volgens Luna was haar zus jaloers op haar, omdat haar zangcarrière veel succesvoller was verlopen. Toen haar zus een halfjaar later trouwde met collega A. moesten haar ouders haar smeken om naar de bruiloft te gaan.

We zaten op de bank in mijn portiekflat en we dronken korenwijn. Luna zei dat ze een gewoon leven wilde. 'Als ik ooit nog met heroïne begin is het afgelopen met mij.' Ze wilde een leven met een baan, een leven met regelmaat. Toen ze net was afgekickt en bij haar broer ging wonen, stond ze om halfzes op. Ze douchte en trok een mantelpak aan.

Met een aktetas wandelde ze naar de metro, halte Wibautstraat. Ze ging tussen de forensen zitten. Van de Wibautstraat reisde ze naar station Duivendrecht. Op station Duivendrecht dronk ze koffie en at ze een croissant. Dan nam ze de metro terug. Bij halte

Wibautstraat stapte ze uit. Ze wandelde naar het huis van haar broer en werkte tot een uur of vijf aan de lichtbakken.

Ze dronk niet en nam geen drugs. Ze at gezond en ging naar een sportschool. Met haar broer ging het ook goed. Hij nam zijn medicijnen en deed een paar klussen. Aan de Rozengracht bouwde hij het interieur voor een nieuwe kroeg.

Na een paar maanden begon haar broer weer te lezen in *De geheime leer* van Madame Blavatsky. Hij begon over de één in de drie en de drie in de vijf. Cijfers op voorbijrijdende trams waren codes. Reclameslogans of flarden van gesprekken bevatten verborgen boodschappen.

Hij stopte met medicijnen en belde zijn cokedealer, met wie hij aan de keukentafel een lijntje snoof. Van de coke maakte hij crack. Hij mengde het met water en ammoniak en droogde het in de oven.

Hij trok witte kleren aan, overal lag satan op de loer. Toen zijn vriendin in een zwarte jurk op rode pumps verscheen, joeg hij haar het huis uit. Hij dacht dat hij Jezus was en ging op de rand van het dak staan, na lang praten kregen hulpdiensten hem naar beneden.

De aanslagen van 11 september wakkerden zijn wanen aan. Hij dacht dat de eindtijd was aangebroken. In het huis zette hij vreemde voorwerpen neer die niet verplaatst mochten worden. In een waanzinnige bui sprong hij door de etalageruit aan de voorkant van zijn woning.

Na zijn opname, vlak voor de bruiloft, belde hij in paniek met Luna: in een kast in een van de kamers lag een luciferdoosje dat ze met tape moest omwikkelen, anders zou de wereld vergaan.

Het was gestopt met regenen. We liepen naar een supermarkt in de buurt. Ik had oude kranten en lege flessen meegenomen. Luna deed de kranten in een oudpapierbak, ik gooide de lege flessen in de glasbak.

De supermarkt lag aan een somber plein. Met dodenherdenking hadden Marokkaanse jongens op dit plein gevoetbald met rouwkransen. Schuin tegenover het plein lag een Blokker, die door twee boerkadraagsters was overvallen. In de supermarkt kochten we groente, sla en pasta. Met een volle boodschappentas liepen we terug naar mijn portiekflat. Luna hield een hengsel vast, ik het andere.

Bij de gemeenschappelijke voordeur van mijn portiekflat stond een geblondeerde vrouw in een rode legging, haar dikke buldog plaste tegen een lantaarnpaal. De geblondeerde vrouw voerde een telefoongesprek. 'Wat kan jou het schelen dat je vent naar porno kijkt,' zei ze.

Ik maakte een gezonde maaltijd, Luna at haar bord

helemaal leeg. Na het toetje las ik het gedicht 'Vogel' van Jan Emmens voor, een dichter die zelfmoord had gepleegd. 'Vogel' eindigt met de regels 'Hoe komt wie vliegt ooit tot bedaren, / en wie niet vliegt ooit van zijn plaats?' 'Morgen wil ik je aan mijn ouders voorstellen,' zei Luna.

De volgende dag liepen we hand in hand van mijn portiekflat naar station Lelylaan. Een omroepstem zei dat er op het station zakkenrollers en tasjesdieven actief waren. Op het perron gaf Luna haar speed aan een dankbaar mompelende junk. 'Vanaf nu ben ik gestopt,' zei ze.

We namen de trein naar Leiden. Aan de achterkant van het station zag ik de Audi staan. De Shell-directeur stapte uit. Hij had een lichtbruine ribbroek aan en een ruitjesblouse. 'Je ziet er goed uit,' zei hij tegen Luna. Mij gaf hij een hand.

We gingen achter in de Audi zitten. Boven de achterbank hingen verstelbare leeslampjes. 'Dit is mijn dienstauto geweest,' zei de Shell-directeur. Hij had een chauffeur gehad, op de achterbank nam hij onder de verstelbare leeslampjes rapporten door. Na zijn pensionering kon hij de auto overnemen. 'Acht cilinder, dat wil wel,' zei de Shell-directeur toen we voor een stoplicht stonden. Hij trok hard op toen het licht op groen sprong.

We kwamen langs het landgoed van Willem Alexander en Máxima. Bij Luna's middelbare school gingen we rechts af. 'Hier woont Vanessa,' zei de Shell-directeur. 'Je weet wel, van die ferme boezem.' Naast Vanessa woonde Bram Peper, verderop lag de villa van Onno Ruding.

Op het grind voor de voormalige koetsierswoning stopte de Shell-directeur. Wij stapten uit, hij reed de Audi naar een garage waar nog een andere auto in stond. Naast de garage stond een tuinhuis. Daarachter begon het bos dat bij de tuin hoorde.

In de piramidevormige serre waren de lichten aan. Ik zag planten en wajangpoppen staan. Haar moeder deed de deur open. Een stevige vrouw, het witgrijze haar in een strenge knot. Ze omhelsde haar dochter. 'Lief kind,' zei ze, 'wat ben ik blij je te zien.'

Ze omhelsde mij ook. 'Dit is dus de schat die zo goed voor je zorgt. Mijn man en ik zijn ontzettend dankbaar dat je Luna hebt opgevangen in de huwelijksnacht.' 'Ik was een beetje de weg kwijt,' zei Luna. 'Het geeft niks, lief kind. We zijn allemaal de weg wel eens kwijt.'

We liepen door een gang waar een kapstok stond. Links zag ik een keuken met een eettafel. We kwamen langs een toilet. Ik zag een trap naar de kelder en een trap naar de bovenverdieping.

We gingen in de huiskamer zitten op een gebloemde bank met veel kussens. De magere kat kwam tevoorschijn en sprong op mijn schoot. Voor de gebloemde bank stond een salontafel waar Luna haar handtas op zette. Naast de televisie zag ik een vitrinekast met steentjes en schelpen erin. 'Dat zijn geologische objecten van mijn man,' zei haar moeder.

Haar man kwam de woonkamer binnen. 'Wat zullen we drinken, beste mensen?' Ik vroeg om een biertje. 'Doe mij maar een jenever,' zei Luna. Haar vader liep naar de kelder en kwam terug met een flesje bier en de jeneverfles. Voor Luna en voor zichzelf schonk hij een borrelglaasje in. Luna pakte het glaasje en sloeg het achterover. 'Zo, jij had er zin in,' zei de Shell-directeur.

Haar moeder begon over de bruiloft. 'Ik heb met jullie nog over de opstand in de Nigerdelta gesproken,' zei ik. 'De opstand in de Nigerdelta is een Nigeriaanse aangelegenheid,' zei de Shell-directeur. 'Dat ben ik niet met je eens, pap,' zei Luna. Ze begon over Ken Saro Wiwa en milieuverontreiniging. Haar moeder stond op. 'Ik ga aan het eten beginnen.'

De Shell-directeur ging naar het toilet. Luna pakte de jeneverfles en nam een teug. In een buffetkast stonden borrelglaasjes. Ze schonk de borrelglaasjes tot de rand toe vol, het was niet te zien dat er jenever in zat. De halflege jeneverfles lengde ze aan met water uit een karaf.

Wat later moest ze zelf naar het toilet. Met de Shell-directeur zat ik in de huiskamer. Hij pakte Luna's handtas en begon die te doorzoeken. Ik keek de andere kant op, naar de buffetkast met volgeschonken borrelglaasjes. De Shell-directeur kon niks vinden in de handtas. Hij schonk zichzelf bij uit de jeneverfles en nam een slok. Hij vroeg of ik het naar mijn zin had bij het tijdschrift.

Luna kwam terug van het toilet. Ik vroeg de Shell-directeur of hij altijd voor Shell had gewerkt. De Shell-directeur begon over zijn vader, die uit een arme Zeeuwse familie kwam. 'Uit het niets werkte hij zich op tot koopvaardijofficier bij de Koninklijke Rotterdamse Lloyd,' zei de Shell-directeur.

Dankzij zijn vader had de Shell-directeur kunnen studeren in Leiden, waar hij promoveerde in de geologie. Daarna was hij bij Shell in dienst gegaan. 'Voor de wetenschap ben ik te ongeduldig,' zei de Shell-directeur. In Nigeria, Indonesië, Brunei en Nieuw-Zeeland was hij naar olie- en gasvelden op zoek gegaan. Hij moest zakendoen met corrupte regimes in gevaarlijke gebieden. Zijn ijver maakte indruk, razendsnel klom hij op tot directeur.

Luna's moeder was de dochter van een Rotterdamse hoofdonderwijzer. Ze had de Academie voor Beeldende Kunst gedaan en een tijdje lesgegeven. Zij gaf haar carrière op voor de kinderen, die begin jaren zeventig vlak na elkaar werden geboren. In de vrije uren schilderde ze en maakte ze sieraden. 'Mijn vrouw maakt prachtige schilderijen,' zei de Shell-directeur. Op verschillende Shell-kantoren had zijn vrouw haar werk geëxposeerd.

Na een carrière van meer dan dertig jaar was de Shell-directeur eind jaren negentig met pensioen gegaan. Hij meldde zich aan bij een gymnastiekvereniging, werd lid van een geologisch genootschap en maakte bergwandelingen. Elke week ontmoette hij in een sociëteit in Den Haag andere gepensioneerde Shell-coryfeeën. Ze hadden een eigen tafel waar ze spraken over het verleden.

Luna's moeder had *burek* gemaakt. 'Burek is mijn specialiteit,' zei ze. Gebogen over zijn bord werkte de Shell-directeur de burek met een vork naar binnen, zelf at haar moeder niets. 'Dat smaakte weer uitstekend,' zei de Shell-directeur, en hij liet een boer in zijn servet. Luna nam een paar happen en ging toen naar de wc. Ik hoorde haar overgeven, daarna glipte ze de huiskamer in.

De Shell-directeur begon over het huis in Londen toen Luna weer aan tafel zat. Tijdens een storm was de satellietschotel van de gevel gewaaid. De Shell-directeur vroeg of hij een nieuwe moest betalen. 'Ik denk dat ik in Nederland blijf,' zei Luna. Ze wilde het huis in Londen verkopen en een mooi huis in Amsterdam kopen. 'Het pond staat goed op dit moment.'

De Shell-directeur zuchtte diep. Hij stond op en liep naar buiten. 'Wat ga je doen, het is al donker,' zei zijn vrouw. Even later hoorden we het geluid van een kettingzaag. 'Ik denk dat papa aan het snoeien is,' zei de moeder van Luna. 'Ik wil een stabiel leven,' zei Luna. 'Muziek kan ik ook in Nederland opnemen. De bandleden kunnen hierheen komen, of ik vlieg af en toe naar Londen.' Haar moeder vond het een prachtig plan.

Na een uur kwam de Shell-directeur weer binnen. Hij ging in de huiskamer zitten en bladerde door het etymologisch woordenboek. 'Mijn man is dol op etymologie,' zei Luna's moeder. 'Weten jullie waar het woord hamvraag vandaan komt?' vroeg de Shelldirecteur. Het had te maken met een vraag in een radioquiz van de NCRV uit de jaren vijftig. Als je de vraag in die quiz goed beantwoordde won je een ham.

Die avond sliep ik met Luna in de logeerkamer van haar oma, we lagen tegen elkaar aan en zagen de eikenbomen bewegen in het maanlicht. De magere kat lag aan het voeteneinde. Luna liet de ordner zien met het geblakerde folie, ik haalde het folie eruit, betastte het en rook eraan. Haar moeder kwam binnen. 'Wil jij ook een slaappil?' vroeg ze aan mij.

De volgende ochtend liet haar moeder mij haar schilderijen zien. Op verschillende plekken in het huis hingen surrealistische doeken met bruisende zeeën, gekleurde golven en fonkelend schuim.

Daarna liet ze zien hoe ze sieraden maakte. Uit een kast pakte ze bakken met honderden kraaltjes in verschillende vormen en kleuren. Ze nam een koord en begon te rijgen. Luna ging naast haar moeder zitten en pakte ook een koord. De Shell-directeur kwam de kamer binnen. 'Zo, hier wordt gewerkt,' zei hij.

In een dorp in Zeeland had de Shell-directeur een tweede huis. Luna vroeg of wij er in het weekeinde mochten logeren. 'Ik kom daar altijd zo heerlijk tot rust,' zei ze. De Shell-directeur zei dat haar zus en collega A. er in het weekeinde zouden zitten. 'Ik zal zeggen dat dat niet door kan gaan,' zei haar moeder. 'Jullie hebben die rust verdiend.' We mochten zelfs haar auto lenen.

In het weekeinde reed ik met Luna in de auto van haar moeder naar het dorp in Zeeland. De huizen in het dorp stonden in een ring rond de kerk. Het huis van de Shell-directeur lag tegenover de ingang van de kerk.

Het huis was sober ingericht, met meubels van overleden opa's en oma's. De woonkamer keek uit op de ingang van de kerk. Boven, door het dakraam in de badkamer, was de torenspits te zien. We gingen op het bed liggen. Ik vroeg mij af aan welke kant collega A. gewoonlijk sliep.

Ik viel in slaap en werd weer wakker. In de badkamer zag ik op de kerkklok dat het bijna vier uur was, ik had drie kwartier geslapen. Luna was nergens te bekennen. Ik liep naar beneden. In de huiskamer smeulde een sigaret op de rand van de tafel.

In de gang klonk gestommel, stomdronken kwam Luna uit de kelder tevoorschijn. 'Ik heb papa's wijnvoorraad ontdekt,' zei ze. Ze nam een teug uit een fles Châteauneuf-du-Pape Vieux Télégraphe uit 1989. In de keuken zag ik nog twee lege flessen Châteauneuf-du-Pape Vieux Télégraphe uit 1989 staan.

Ze zei dat we boodschappen moesten doen, met een rieten mand liep ze naar buiten. 'Ergens in het dorp is een winkel,' zei ze. Vroeger had ze daar met haar broer snoep gekocht. Slingerend liep ze voor de doodstille huisjes langs die in een rondje om de kerk heen stonden. Ik wilde haar een hand geven. 'Ik val niet om,' schreeuwde ze. Ik zag vitrage bewegen en hoorde een dakraam opengaan.

We waren rond de kerk gelopen en kwamen weer bij het huis. 'Hier waren we net ook al,' zei Luna. Aan een oude Zeeuwse vrouw op een fiets vroeg ik waar de winkel was. 'Demente boerin,' riep Luna toen de oude Zeeuwse vrouw wegfietste.

In de winkel werkte een oude man. 'Dag Luna, hoe is het met je vader?' vroeg hij. 'Ik ga hutspot maken,' zei Luna. 'Wat hebben we daar voor nodig?' 'Aardappelen, wortels en uien,' zei de oude man. Hij deed de spullen in de rieten mand en we liepen naar het huisje terug.

'Ik maak het eten klaar,' zei ze. Ik ging in de huiskamer zitten. Na een halfuur rook ik brand. In de keuken stond een roodgloeiende pan met gesmolten handvatten op het fornuis, Luna lag te slapen op de vloer, een lege fles in haar hand. Ik bluste de pan en tilde haar naar boven. 'Je moet niet stiekem zonder mij drinken,' zei ik. Op het bed sliep ze verder.

In de huiskamer zag ik dat de Audi van de Shell-directeur voor de ingang van de kerk stond. De Shell-directeur en zijn vrouw kwamen door de achterdeur naar binnen. 'Waar is ze?' vroeg haar moeder. 'Ze ligt boven te slapen,' zei ik. Haar moeder liep naar boven.

'We zijn gebeld door een kennis uit het dorp,' zei de Shell-directeur. De kennis had doorgegeven dat Luna dronken door het dorp liep met haar vriend en een oude vrouw had uitgescholden. Ik legde uit dat ze drie flessen wijn had gedronken terwijl ik sliep en dat ze daarna boodschappen wilde doen.

De Shell-directeur liep naar de keuken. Op de vloer

lagen stukken aardappel, ui en wortel, de verbrande pan had ik in een emmer gelegd. De Shell-directeur vloekte toen hij de lege flessen Châteauneuf-du-Pape Vieux Télégraphe uit 1989 zag staan. Hij bukte zich om de stukken aardappel, ui en wortel op te rapen. 'Ze wilde hutspot maken,' zei ik. 'In de toekomst moet je beter op haar letten,' zei de Shell-directeur.

Ondersteund door haar moeder kwam Luna met een deken om zich heen naar beneden. De Shell-directeur begon te schreeuwen. 'Weet je wat zo'n fles kost?' 'Ik wil eerst wat drinken,' zei Luna. 'Er wordt hier niet meer gedronken,' schreeuwde de Shell-directeur.

Met de deken om zich heen gewikkeld rende Luna aan de voorzijde het huisje uit. De Shell-directeur ging achter haar aan en sleurde haar aan de deken weer naar binnen. 'Jullie hebben het recht niet om mij tegen te houden,' schreeuwde ze. 'Ze heeft gelijk,' zei Luna's moeder. Na een lange discussie zei de Shell-directeur dat ze één glas mocht. 'Twee glazen,' riep Luna.

De Shell-directeur ging de kelder in en keerde terug met de laatste fles Châteauneuf-du-Pape Vieux Télégraphe uit 1989. 'Waar is godverdomme de kurkentrekker?' riep hij vanuit de keuken. In de woonkamer met uitzicht op de kerk sloeg Luna de glazen wijn achterover. Ze ging op een oude bank liggen en viel in een comateuze slaap.

Met zijn vrouw ruimde de Shell-directeur het huisje op. Daarna tilde hij Luna naar de Audi. 'Rijd jij maar achter ons aan,' zei hij tegen mij. In de auto van Luna's moeder reed ik achter de Audi aan. In Wassenaar nam ik een slaappil en ging in het logeerkamertje naast Luna liggen die hard snurkte.

4

Het was halfacht 's ochtends en ik stond met Luna op het vliegveld op de Nigeriaanse journalist te wachten. De ontwikkelingsorganisatie had geld voor zijn vlieg- en verblijfskosten op mijn rekening gestort. De Nigeriaanse journalist zou drie weken blijven, in die tijd moest hij voor zijn tijdschrift een paar artikelen over Nederland schrijven. De Shell-directeur had mij gewaarschuwd. 'Pas op dat hij niet in de illegaliteit verdwijnt.'

Ik had niet genoeg geld om de Nigeriaanse journalist drie weken in een hotel onder te brengen. Mijn portiekflat was klein en lag te ver uit het centrum. Luna had gezegd dat we hem in het huis van haar broer konden onderbrengen. Haar broer was ontslagen uit de inrichting, ze dacht dat hij het goed zou vinden.

De avond ervoor had ik haar broer ontmoet, een gespierde jongeman met halflang donkerblond haar en diepliggende ogen. Met z'n drieën hadden we whisky gedronken in zijn keuken. 'Op mijn terugkeer in de maatschappij,' zei haar broer. Luna vertelde hem over de Nigeriaanse journalist die naar Nederland kwam. 'Hij heeft een verblijfplek nodig,' zei ik. 'Nigerianen zijn altijd welkom,' zei haar broer.

Later op de avond had haar broer zijn cokedealer gebeld. 'Ik wil geen zombie meer zijn,' had hij gezegd. Een jongen met een petje was binnengekomen. 'Goed je weer te zien,' zei hij, en hij omhelsde Luna's broer. Op een spiegel op de keukentafel legde hij een paar lijntjes klaar. Hij had een jerrycan met ghb bij zich en een zak met xtc-pillen.

Haar broer snoof de coke door een opgerold bankbiljet en slikte een xtc-pil. Zijn diepliggende ogen lichtten op, het leek of ze naar voren schoven. Hij stond op en begon het huis te stofzuigen. Daarna vulde hij een emmer met warm water en pakte een dweil. Toen hij klaar was met schoonmaken pakte hij een krant waarin hij letters onderstreepte.

Luna en ik namen van de cocaïne en de xtc. 'Dit is hoe we altijd moeten zijn,' zei ik. 'Niet langer bedroefd, want wij hebben elkaar gevonden.' Luna vertelde dat haar moeder haar had leren overgeven. In de wc in het huis in Wassenaar zou ze na het eten een vinger bij haar dochter in de keel hebben gestoken.

Ik zei dat haar ouders lieve mensen waren die er ook

niks aan konden doen. 'Ik heb je vaak geslagen,' zei haar broer met tranen in zijn ogen. 'Ik ben iemand die klappen verdient,' zei Luna. Ze omhelsden elkaar.

'Je mag blij zijn dat je in Lelystad bent opgegroeid,' zei haar broer tegen mij. Ze verafschuwden Wassenaar en de rijkdom van hun vader. 'Mijn leven is betaald met oliewinst,' zei Luna. 'Ik was liever arm geweest,' zei haar broer terwijl hij een lijntje snoof. 'Dan moet je op tijd opstaan en werken voor je geld.'

We hadden de hele nacht niet geslapen en nu stonden we onder afnemende invloed van cocaïne en xtc op Schiphol op de Nigeriaanse journalist te wachten. 'In zijn land heeft mijn vader naar olie geboord,' zei Luna. 'Van de opbrengst heeft hij nooit een cent teruggezien.'

De Nigeriaanse journalist kwam door de douane, in een kleurrijk Afrikaans gewaad, en omhelsde mij. Tweeënhalf jaar hadden we elkaar niet gezien. De Nigeriaanse journalist omhelsde Luna ook. Hij had alleen een plastic zak met wat kleren bij zich. We liepen naar de treinen toe. De Nigeriaanse journalist was onder de indruk van de kaartjesautomaat en de dubbeldekkertrein waarmee we naar station Lelylaan reisden.

Van station Lelylaan liepen we naar mijn portiekflat. Ik vertelde dat het tikkende geluid bij de verkeerslichten voor blinden was. De Nigeriaan vond mijn portiekflat prachtig. 'In Nederland zijn deze woningen niet populair,' zei ik. Een paar keer draaide hij de lamellen open en dicht.

Ik smeerde boterhammen voor hem en schonk een glas karnemelk in. De Nigeriaan begon te bidden. Hij at het brood en dronk de karnemelk. Ik gaf hem de afstandsbediening, hij keek wat er op televisie was. Een paar minuten later viel hij in mijn stoel in slaap.

Wij gingen op bed liggen in mijn slaapkamer. Een paar keer sloop Luna naar de huiskamer, waar een fles jenever stond. Aan het einde van de ochtend werd de Nigeriaan wakker. We vertelden dat hij in het huis van haar broer kon logeren. We namen de tram en liepen langs de ambulancepost de straat in.

In zijn onderbroek stond haar broer in de werkkamer achter een workmate. Met een decoupeerzaag zaagde hij vreemde vormen in een stuk hout. Hij wees op de Nigeriaanse journalist en riep iets onverstaanbaars. Met de draaiende decoupeerzaag maakte hij bewegingen in de lucht.

Ik trok de Nigeriaanse journalist naar buiten. Ik probeerde uit te leggen dat haar broer zijn medicijnen niet had geslikt. 'Satan heeft bezit van hem genomen,' zei de Nigeriaanse journalist. In Nigeria zouden wonderdokters hem behandelen met een bepaald soort vleermuis, op verschillende markten in Lagos waren die te koop.

Terwijl Luna haar broer kalmeerde, liep ik met de Nigeriaanse journalist naar de redactie. Ik stelde hem aan iedereen voor. Collega B. en ik maakten een bureau met een computer en een telefoon voor hem vrij. De Nigeriaanse journalist belde met iemand in Nigeria die aan zijn vrouw zou doorgeven dat hij veilig was aangekomen.

's Avonds at ik met Luna en de Nigeriaanse journalist in een Chinees restaurant aan de Overtoom. Luna's moeder was naar haar broer toe gegaan en zou die nacht bij hem blijven slapen.

Op de redactie was ik die middag een vriend tegengekomen die af en toe voor het tijdschrift schreef. Hij had in Leiden gestudeerd en woonde in bij een studiegenoot die hij kende van het Leidse studentencorps.

In het huis woonden nog twee corpsvrienden, een van hen verbleef op dat moment in het buitenland. Het was geen probleem als de Nigeriaanse journalist zolang in zijn kamer verbleef.

In het Chinese restaurant vertelde Luna de Nigeriaanse journalist dat haar vader Shell-directeur in zijn land was geweest. 'Ik vind het verschrikkelijk wat het bedrijf van mijn vader in uw land heeft aangericht,' zei ze. 'Het zijn vooral de Nigerianen zelf die er een puinhoop van maken,' zei de Nigeriaanse journalist.

Hij vroeg of hij haar vader mocht interviewen voor zijn weekblad.

Van de Chinees aan de Overtoom liepen we naar het huis van de Leidse corpsstudenten. We belden aan, de deur ging open. 'De neger is er! Jongens, de neger is er,' riep een van de Leidse corpsvrienden.

Luna stormde woedend de trap op. 'Als je dat nog een keer zegt krijg je een trap in je ballen,' riep ze. 'Waar komt dat lekkere wijf ineens vandaan,' hoorde ik de andere corpsvriend zeggen.

Op de vloer van de kamer van de corpsvriend die in het buitenland was lagen onderbroeken en sokken. Vloekend begon Luna op te ruimen. Ze deed schone lakens op het bed en trok een poster met een pin-up van de muur. 'Thank you so much,' zei de Nigeriaanse journalist.

Een paar dagen later gingen we met de Nigeriaanse journalist naar Wassenaar. In de voormalige dienstauto haalde de Shell-directeur ons op van station Leiden. Hij gaf de Nigeriaanse journalist een rondleiding door het huis.

Toen de Nigeriaanse journalist de magere kat zag wilde hij hem naar buiten jagen. 'Dat is een huisdier,' zei de Shell-directeur. 'In Europa is het normaal om katten in huis te hebben.'

We maakten een wandeling door het bos in de tuin.

Af en toe stelde de Nigeriaanse journalist een vraag aan de Shell-directeur. De Shell-directeur begon over de Groninger boeren, die ook geen compensatie kregen van Shell. Op een kladblok maakte de Nigeriaanse journalist met potlood aantekeningen.

Na het bezoek aan Wassenaar nam ik Luna en de Nigeriaanse journalist mee naar Lelystad, om ze te laten zien waar ik was opgegroeid. Op het station van Lelystad stapten we uit de trein.

Aan de achterzijde van het station werd de helft van een woonwijk gesloopt. Van de meeste huizen stonden alleen de muren nog overeind. Aan sommige muren hing nog behang of een stuk van een poster.

De Nigeriaanse journalist vroeg of er oorlog was geweest. Ik legde uit dat de huizen werden gesloopt zodat er nieuwe huizen konden worden gebouwd. De Nigeriaanse journalist vond het onbegrijpelijk dat de woningen tegen de vlakte gingen om er nieuwe woningen voor in de plaats te zetten.

Luna maakte foto's van de eindeloze karkassen. Ze klom over een hek en waadde door het puin. De Nigeriaanse journalist riep haar naam en zei dat ze terug moest komen. Luna luisterde niet, ze bleef maar foto's maken.

5

Het huis in Londen was een miljoen euro waard. De makelaar die het taxeerde zou het binnen een maand kunnen verkopen. Luna vroeg of ik met haar in Amsterdam naar huizen wilde kijken. Makelaars leidden ons rond door grachtenpanden. Ze wezen op stucplafonds in Louis xv-stijl en demonstreerden jacuzzi's.

Op een ochtend stonden we voor een smal zwartbruin pand aan een gracht die 's-Gravenhekje heette. Een dame van het makelaarskantoor kwam aan op een roze scooter.

We gingen naar binnen door het souterrain, aan de bel-etage was geen ingang. Een duistere gang kwam uit op een steile trap, die omhoog voerde langs zes verdiepingen. De eigenaar had de zes verdiepingen opgesplitst in drie appartementen van twee verdiepingen en die jarenlang verhuurd.

In de appartementen waren binnentrappen, voor de ramen hingen vaalgrijze gordijnen. In het onderste en het bovenste appartement lag geelbruin tapijt op de vloer, in het middelste donkerblauw. In elk appartement waren een keuken en een badkamer.

In de keukens en de badkamers stonden koelkasten, fornuizen, broodroosters, magnetrons, wasmachines en wasdrogers. In de keukenkastjes stonden borden en pannen, in de laden lag bestek. 'Al die spullen krijgt u er gratis bij,' zei de makelaarsdame. Ook de bankstellen, tafels, stoelen, televisies, nachtkastjes en de tweepersoonsbedden zouden we er gratis bij krijgen.

In het middelste appartement keek Luna in de keukenkastjes. Er stonden flessen Pernod en Ricard, snel nam ze een paar slokken. In de koelkast van het bovenste appartement lagen vijf flessen wodka. 'We nemen het,' zei Luna tegen de makelaarsdame.

De Shell-directeur kwam kijken. 'Wie koopt er in godsnaam een huis met drie keukens en drie badkamers,' riep hij uit. Luna zei dat het huis bijzonder was. 'Er hangt een sfeer die mij aanspreekt.' De Shell-directeur zei dat hij niet met koelkasten en wasmachines ging sjouwen.

Luna vroeg of ik bij haar kwam wonen. We spraken af dat ik de onderste twee verdiepingen zou betrekken. De Shell-directeur had de onderste twee verdiepingen op zijn naam laten zetten, om te voorkomen dat Luna het huis in een opwelling weer zou verkopen. Ik zou de Shell-directeur elke maand vierhonderd euro huur betalen. Mijn portiekwoning in Slotervaart verhuurde ik aan een fotograaf.

Op de eerste verdieping zette ik mijn schrijftafel, mijn boekenkasten, mijn archiefkasten en mijn bank neer. In het souterrain stonden nog een bed en een kledingkast.

Een transportbedrijf bezorgde mijn piano, die in het huis van mijn moeder in Lelystad had gestaan. Ik liet een pianostemmer komen. 'Ik heb er vijftien jaar niet op gespeeld,' zei ik tegen de pianostemmer. De pianostemmer zei dat de piano waardeloos was. De snaren en de hamertjes waren beschimmeld.

Luna leefde op in het huis. Ze liet de magere kat overkomen en maakte een atelier op de vijfde verdieping. Haar broer, die na het incident met de Nigeriaanse journalist zijn medicijnen weer nam, tilde de lichtbakken naar boven. Toen hij daarmee klaar was droeg ik met hem de overtollige koelkasten, wasmachines en televisies naar buiten. Ze werden meegenomen door een Marokkaanse man die er tweehonderd euro voor gaf.

's Avonds zette ik twaalf stoelen op straat. De deur in het huis ernaast ging open. Een man met donkerblonde krulletjes kwam naar buiten, hij droeg een suède pak. Ik kende de man, het was de dichter die ook poëzieredacteur was bij een literaire uitgeverij.

De dichter die ook redacteur was vroeg of hij een paar van de stoelen mocht hebben. 'Neem er zo veel je wilt,' zei ik. 'Het is schitterend wonen aan de gracht,' zei hij. 'Je struikelt hier over de bekende schrijvers.' Hij wees naar een gracht om de hoek, en noemde de namen van twee bekende auteurs.

Ik keek naar de gevel van zijn huis. Met de gevel was iets geks aan de hand. Er was een linkerstuk, een middenstuk maar geen rechterstuk. Op de plek van het rechterstuk stond Luna's huis. Het rechterstuk van de gevel had over Luna's huis heen gebouwd moeten worden.

Nu zag ik dat Luna's huis en zijn huis één huis waren geweest. Dat ene huis had eruitgezien zoals Luna's huis er nog steeds uitzag. De rest van het huis was verdwenen achter de nieuwe gevel, die er vermoedelijk aan het einde van de negentiende eeuw overheen was gebouwd.

Ik zei de dichter die ook redacteur was gedag en ging naar binnen. Op de vijfde verdieping was Luna bezig met de hand van Marlon Brando. Af en toe nam ze een slok wodka. Ik vertelde het verhaal van de gevel. Luna zei dat ze ook iets vreemds had ontdekt. Ze ging de trap op naar de zesde verdieping. In de badkamer duwde ze in het plafond een luik open. We gingen op de rand van het bad staan en trokken ons omhoog.

Tussen de zesde verdieping en het dak was een lage

ruimte. Door het stof kroop Luna naar een hoek in het donker. Ze kwam terug en gaf mij iets aan. Het was een ouderwetse schoen.

De volgende dag ging ik naar het stadsarchief. Ik zocht in het bevolkingsregister en in het archief van het kadaster. Ik vroeg verpandingsakten op, boedelpapieren, doopregisters en gezinskaarten.

Het verhaal van het huis begon in 1613. In dat jaar kwam de grond waarop het gebouwd zou worden in bezit van de katholieke scheepstimmerman Jan Simonsz. Muijen. Op Rapenburg, zoals het stadseiland aan 't IJ heette, woonde ook zijn zus Mary Simons en hun nicht Griet Jans. Griet was getrouwd met scheepsbouwer Jan Rijcksen, die zich in 1633 met zijn vrouw door Rembrandt liet schilderen. *De scheepsbouwmeester en zijn vrouw* heette het schilderij.

Jan liet het brede huis met de pilastergevel in 1650 bouwen, het pakhuis van de West Indische Compagnie op de hoek van het grachtje was net klaar. Lang genoot Jan niet van zijn nieuwe onderkomen, in 1653 stierf hij aan de pest.

Jans zuster Mary kreeg een dochter, Giertien. Giertien trouwde met de gereformeerde scheepstimmerman Dirck Cornelisz. Raven. Bij de doop van een van hun kinderen verklaarde Dirck dat Raven een aangenomen naam was. Het was afgeleid van Swarteraven.

Die naam had hij met zijn broers bedacht toen ze ergens een uithangbord met zwarte raven zagen.

Op de westelijke punt van het eiland Rapenburg, waar oom Jan het huis liet bouwen, hadden Dirck en zijn broers veel grond in bezit. Op de kade aan de Oude Schans lagen hoge stapels hout, die de Ravens verhandelden of gebruikten voor de scheepsbouw. Voor het ouderlijk huis, dat in bezit kwam van de kinderen van Dirck en Mary, stond een weelderig hek van siersmeedwerk.

Dit hekje van de Ravens ("'s-Ravenhekje') was in de zeventiende eeuw een begrip in de stad; scheepsbouwers en houtkopers ontmoetten er elkaar. Wie 's-Ravenhekje zei sprak het uit als 'Schravenhekje'. Rond 1800 was het de officiële straatnaam van het grachtje aan de westelijke punt van het eiland Rapenburg en werd het als 's-Gravenhekje geschreven.

Van het stadsarchief fietste ik naar huis. Luna was niet in haar atelier op de vijfde verdieping. Ik gaf de magere kat te eten en liep naar buiten. In het café om de hoek zat Luna op een barkruk in haar krappe jurkje. Ze dronk jenever met witbier, twee oude mannen schoven bij haar vandaan toen ik binnenkwam.

Ik vertelde wat ik had ontdekt. Luna vond het vreemd dat de Ravenbroers zich naar zwarte raven hadden vernoemd. Zwarte raven brachten ongeluk, ze kondigden de komst van de pest aan. Als gevolg van de pest was het geslacht Raven aan het begin van de zeventiende eeuw uitgestorven. De als grap bedachte naam bleek een vloek.

De dagen erna zocht ik verder in het stadsarchief. Het huis met de pilastergevel van Jan Simonsz. Muijen was in bezit gekomen van zijn vrome kleindochter Agatha van Muijen, die kinderloos stierf in 1731. Agatha liet het huis van haar opa na aan de Maagdenhuisstichting, die zich ontfermde over weesmeisjes. De Maagdenhuisstichting kreeg vaker panden uit erfenissen. De panden werden verhuurd, met de opbrengsten kon de bouw van het nieuwe Maagdenhuis aan 't Spui in 1780 worden bekostigd.

In 1886 verkocht de Maagdenhuisstichting het pand aan Hendrik Cornelis Feijnt, een koopman die ook pakhuizen bezat. Feijnt wilde iets aan de ouderwetse gevel doen. Hij benaderde de modieuze architect Langhout, die veel zestiende-eeuwse panden in Amsterdam van neoklassieke gevels voorzag. Langhout maakte een plan maar Feijnt kwam in geldnood.

In 1890 verkocht hij het linkerdeel van het pand aan de gehandicapte joodse diamanthandelaar Marcus de Leeuw, die er met zijn hele gezin ging wonen. Het kleinere rechterdeel verkocht hij aan kuiper Pieter Abrams, die het pand wilde verhuren. De Leeuw was enthousiast over het gevelplan en zette de bouw in gang. Pieter Abrams wilde verdienen aan zijn huurders, hij had geen zin om geld te spenderen aan de gevel.

Op de dag voor Kerstmis vloog ik met Luna naar Londen om haar spullen in dozen te doen. Een verhuisbedrijf zou de dozen naar Amsterdam vervoeren. In de buurt van het stadion van Arsenal stapten we uit de metro. Het was halfelf 's ochtends en we liepen een pub binnen. Luna bestelde een groot glas bier en een whisky.

Haar appartement was netjes. Boeken stonden op alfabetische volgorde in de kast, het bed was opgemaakt. Toen ze een halfjaar eerder de magere kat in een mandje had gedaan en de deur achter zich dichttrok was het een bende. Overal lag geblakerd folie, vuilnis slingerde rond. De vriendin bij wie ze was afgekickt had alles opgeruimd en schoongemaakt zodat de makelaar belangstellenden kon rondleiden.

In een hoek stond een gitaar op een standaard. Het was de gitaar waarmee ze nummers componeerde voor de band. Er stonden ook twee dure speakers in de kamer. Van het merk Nightingale, volgens Luna de beste speakers ter wereld. Ze liet me fotoboeken zien. Ik bekeek haar babyfoto's. Ik zag de Shell-directeur en zijn vrouw in hun jonge jaren. Haar zus verkleed als prinses, haar broer verkleed als cowboy.

Terwijl Luna spullen in dozen deed las ik in haar lievelingsboek, *Voyage in the Dark* van Jean Rhys. Het ging over een jonge vrouw die in Londen terechtkomt en in haar eentje moet zien te overleven. Na een tijd als danseres te hebben gewerkt belandt ze in de prostitutie.

's Middags gingen we naar Buckingham Palace, waar in een galerie *The shipbuilder and his wife* van Rembrandt hing. Lang keken we naar Jan Rijckens en zijn vrouw Grietje Jans, de nicht van Jan Simonsz. Muijen. Jan Rijckens zit aan zijn bureau en maakt een scheepsontwerp. Geërgerd kijkt hij op als zijn vrouw Grietje zijn werkkamer binnenkomt en hem een briefje aanreikt.

's Avonds gingen we op bezoek bij de vriend die een documentaire had gemaakt voor Channel 4. Het was een dikke jongen. Hij lag op de bank onder een deken naar *The Godfather* te kijken. Op de vloer van zijn appartement lagen sokken, onderbroeken en lege chipszakken. De dikke jongen zette *The Godfather* op pauze en schonk whisky voor ons in.

Hij vertelde dat hij een documentaire over Marlon Brando wilde maken. Van een vriend had hij het privénummer van Brando gekregen. 'Vanochtend heb ik hem gebeld,' zei de dikke jongen. Brando nam op. 'Hij zei dat hij nog in bed lag en vroeg of ik volgende week terug wilde bellen.' Luna vertelde dat ze op een lichtbak een beeld uit *On the Waterfront* aan het aanbrengen was.

Luna dronk de ene whisky na de andere. Ze begon over *The Waste Land* van T.S. Eliot. De dikke jongen zei dat hij nog niet had gebeld met Alec Guinness. 'Als je Marlon Brando aan de telefoon kunt krijgen kun je toch ook bellen met Alec Guinness,' zei Luna.

Uit haar tasje haalde ze het beduimelde exemplaar van *The Waste Land.* Ze begon over de bombardementen in Afghanistan en las passages uit het gedicht voor. 'Het is toch duidelijk dat hier verbanden liggen.' Ze pakte de whiskyfles en nam een slok. Ze zakte neer op een stoel en viel in slaap met haar mond halfopen.

De dikke jongen zei dat Luna een geweldige vrouw was. 'Ze is ontzettend getalenteerd, ik ken niemand zoals zij.' Hij vond het knap dat ze gestopt was met heroïne. 'Volgens mij kun jij haar aan,' zei hij tegen mij. 'Met z'n tweeën kunnen jullie het redden.'

Hij beloofde dat hij Alec Guinness zou bellen. 'Ik denk dat Alec het een geweldig plan vindt.' Hij pakte de afstandsbediening en zette *The Godfather* weer aan. We zagen de scène waarin filmproducent Jack Woltz, gespeeld door John Marley, een paardenhoofd in zijn bed aantreft. De dikke jongen kon er geen genoeg van krijgen, telkens spoelde hij de film terug. Na een uur werd Luna wakker. We namen afscheid van de dikke jongen en liepen naar haar huis. Bij een avondwinkel kocht Luna drie flessen wijn.

De volgende dag was het Kerstmis. Ik kocht een lange leren winterjas met bontkraag voor Luna. 's Avonds liepen we door de stad, het miezerde en het was koud. Af en toe namen we een slok uit een wodkafles die Luna in de binnenzak van de lange leren winterjas had gestoken. We gingen een Indiaas restaurant binnen. Ik bestelde een tandoorigerecht, Luna zei dat ze geen honger had.

Toen we bij haar huis kwamen was Luna haar sleutels kwijt. De vriendin bij wie ze was afgekickt had een reservesleutel. 'Ik ben in Brighton,' zei de vriendin toen Luna haar belde. Een week later zou ze terugkomen. We gingen terug naar het huis van de dikke jongen en sliepen op een logeerbed. De volgende ochtend liepen we naar Victoria Station, waarvandaan een bus naar Brighton ging. We stapten de bus in toen Luna de sleutel in de voering van haar tasje vond.

In een pub kwamen we Luna's ex-vriend tegen. Hij had de band opgericht waar Luna in had gezongen. Toen Luna met heroïne begon was de band uit elkaar gevallen. De ex-vriend wilde zonder Luna verder, maar dat zag manager Ian niet zitten. In de pub probeerde de ex-vriend Luna over te halen zich opnieuw aan te sluiten bij de band. 'Ik heb geen zin om een Spice Girl te worden,' zei Luna.

Een paar dagen later vlogen we van Londen naar Marseille. Ik wilde Luna voorstellen aan de oude journalist uit Saint-Rémy-de-Provence. Luna had de gitaar meegenomen, ze was bang dat de verhuizers hem zouden vernielen.

In het vliegtuig las Luna in de autobiografie van de oude journalist. Toen we landden wist ze alles over zijn eenzame jeugd in Zeeuws-Vlaanderen. Dat hij op school werd gepest en seksuele ervaring opdeed met zijn nichtje.

Op het vliegveld van Marseille wachtte de oude journalist ons op. 'Heel goed dat je niet meer met die gravin bent,' zei hij. Ik legde Luna's gitaar in de achterbak van zijn auto. In de auto stelde Luna vragen over het boek. De oude journalist vond het prachtig dat Luna zijn boek zo goed had gelezen.

We reden over een smalle weg langs het Etang de Berre. De weg ging omhoog. Boven op een heuvel lag het dorpje Miramas-le-vieux. We stapten uit en gingen op het terras van een restaurant zitten. Het was warm en helder, de zon schitterde op het Etang de Berre.

We bestelden witte wijn. De oude journalist dronk net zo snel als Luna. Luna begon over het gedicht 'Slough' van John Betjeman, waar de oude journalist in zijn autobiografie over schreef. Het gedicht gaat over een uitzichtloze Londense buitenwijk die van de dichter verwoest mag worden. 'Come, friendly bombs, and fall on Slough,' luidt de laatste strofe.

De oude journalist wees naar een touringcar die over de smalle weg reed. 'Als die bus nou eens uit de bocht vloog en uitgebrand in een ravijn werd teruggevonden. Wat betekent dat op de loop van de mensheid? Zijn er Einsteins bij? Goethes?' De oude journalist bestelde nog meer wijn en daarna cognac.

We rekenden af en stapten in de auto. Slingerend reed de oude journalist naar Saint-Rémy-de-Provence. 'Die mensen hoeven niet per se dood,' zei hij. 'Ze mogen ook naar een kamp achter de Karpaten, ver weg van ieder cultuurgoed. Vol cola- en friettenten en briefkaartenmolens.' Op de achterbank viel Luna in slaap. De oude journalist stopte om mij een aquaduct te laten zien. 'Wat een geweldige vrouw heb je meegebracht.'

Het huis van de oude journalist lag vlak bij het gesticht waar Vincent van Gogh het jaar voor zijn dood werd opgenomen. Ik bracht onze tassen en Luna's gitaar naar de logeerkamer. De oude journalist schonk korenwijn in en bakte vis in olijfolie. Luna keek naar de oleanders in zijn tuin en liep langs zijn boekenkasten. Ze vertelde hem over het plan om Alec Guiness in Afghanistan *The Waste Land* voor te laten lezen. 'Meesterlijk plan,' zei de oude journalist.

We aten van de vis en gingen in de huiskamer zitten. Luna draaide jazzplaten van de oude journalist en legde uit waarom ze Thelonious Monk beter vond dan Charles Mingus. Toen de oude journalist een plaat van Cannonball Adderley wilde opzetten struikelde hij over een elektriciteitssnoer en sloeg met zijn hoofd tegen een kast. 'Tijd voor whisky,' zei de oude journalist.

Na twee glazen whisky strompelde ik naar de logeerkamer. 'Ik kom zo,' zei Luna. Ik ging op het bed liggen en viel in slaap. Een uur later werd ik met een droge mond wakker, Luna lag niet naast me. Ik stond op en liep de huiskamer in.

Op de bank lag de oude journalist boven op Luna. Ze sliepen alle twee. Ik gaf de oude journalist een stomp in zijn maag en trok Luna onder hem vandaan. Ik sleepte haar naar de logeerkamer. Ik wilde haar op het bed leggen toen ik boven op de gitaar ging staan. Mijn voet zat vast in de verbrijzelde klankkast.

Luna werd wakker. 'Wat is er gebeurd?' vroeg ze. Ik zei dat ze onder de oude journalist op de bank had gelegen en dat ik op haar gitaar was gaan staan. 'Dat is verschrikkelijk,' zei Luna. Ze rende de logeerkamer uit. De oude journalist lag niet meer op de bank in de woonkamer, na de stomp in zijn maag was hij naar bed gegaan. Luna rende de tuin in en verdween door het hek.

Buiten was het koel en helder, de sterren waren goed te zien. Ik ging het hek door. In het licht van de maan en de sterren zocht ik naar Luna. Achter een rijtje cipressen vond ik haar. Ze had haar armen om haar opgetrokken benen geslagen. 'Kom mee,' zei ik.

Luna zei niks. Er was iets veranderd in haar, alsof er iemand anders bij haar naar binnen was geglipt. Ze keek naar me met de blik van een vreemde, een vreemde die mij niet wilde kennen. De vreemde was zo vanzelfsprekend in haar aanwezig dat ik twijfelde of de andere Luna wel echt had bestaan. Ineens stond ze op. Zonder iets te zeggen liep ze naar het huis terug.

De volgende dag was ze nog steeds een ander. Luna zei niets en bleef in de logeerkamer. De oude journalist zat aan de keukentafel, met een pleister op zijn voorhoofd. Hij was naar de bakker geweest. 'Laten we vergeten wat er is gebeurd,' zei hij.

Terwijl we zwijgend brood aten en koffiedronken, kwam Luna in haar nachthemd de keuken in lopen. 'Ik heb een chocoladebroodje voor je meegebracht,' zei de oude journalist. Luna pakte twee flessen wijn en liep terug naar de logeerkamer.

Toen ik even later ging kijken waren de flessen leeg. Luna zat rechtop in het logeerbed. Ze zei niets. Ze keek alleen maar naar de muur. In de middag pakte ze weer twee flessen uit de keuken. 'Nu is het genoeg,' zei de oude journalist. Hij verzamelde alle flessen drank die hij kon vinden en verstopte ze onder het bed in zijn slaapkamer.

Twee uur later kwam Luna weer de keuken in. Ze zag dat de flessen waren verdwenen en liep een berghok in. De oude journalist gebruikte het berghok als donkere kamer. Ik deed de deur van het berghok open. In het rode licht zag ik Luna drinken uit een fles wijn.

Ik pakte de fles af en liep naar de oude journalist. 'In het berghok stond nog wijn,' zei ik. 'Dat is ontwikkelingsvloeistof,' zei de oude journalist. 'Die bewaar ik al jaren in die fles.' 'Ze heeft het opgedronken,' zei ik.

Luna lag met haar ogen dicht op het logeerbed. Ik sloeg tegen haar wangen, de oude journalist legde een koud washandje op haar voorhoofd. Luna liet een boer die chemisch rook. De oude journalist belde een dokter. De dokter zei dat foto-ontwikkelaar niet gevaarlijk was. 'Laat haar overgeven en melk drinken.' Ik zei tegen de oude journalist dat ik naar huis wilde.

De volgende dag bracht de oude journalist ons naar het station van Tarascon. Luna zei nog steeds niets, met de kapotte gitaar zat ze op de achterbank. De hele nacht had ze naast mij in het logeerbed chemische boeren en winden gelaten. Op het station van Tarascon kocht ik twee kaartjes naar Nice, de vliegtuigen van Marseille naar Amsterdam waren volgeboekt.

Met z'n drieën wachtten we op het perron op de trein. De oude journalist begon te vertellen over *Tartarin de Tarascon*, het boek van Alphonse Daudet uit 1872 waarin het stadje en z'n bewoners flink worden bespot. 'Eerst waren de mensen uit Tarascon er heel boos over, tegenwoordig zijn ze juist trots op het boek,' zei de oude journalist. Luna liep bij hem vandaan en stak een sigaret op.

De trein reed het station binnen. Zonder wat te zeggen stapte Luna in. Ik groette de oude journalist en ging naast haar zitten, wanhopig keek ik haar aan. De trein reed langs Le-Vieux-Miramas en het Etang de Berre. In Marseille stapten we over. De trein reed vlak langs de Middellandse Zee en verdween soms in een tunnel.

In de vertrekhal van het vliegveld van Nice liepen marechaussees met automatische geweren rond. Ze kwamen op Luna af en namen de kapotte gitaar in beslag. 'Er zitten scherpe punten aan waarmee u mensen zou kunnen verwonden,' zei een van de marechaussees.

In het vliegtuig begon ze te praten. 'Sorry,' zei ze. En: 'Als ik jou niet was tegengekomen had ik mijn huis in Londen nooit verkocht.' Ik was zielsgelukkig, het was zo fijn om haar stem weer te horen. 'Ik ben blij dat je er weer bent,' zei ik. 'Ik hou van je,' zei ze. 'Ik wil dat je voor altijd bij me blijft.'

6

Na het bezoek aan Londen en de oude journalist ging ik terug naar de redactie van het tijdschrift. In de hal kwam ik collega B. tegen. Hij vroeg hoe het ging met Luna. 'We wonen samen in een grachtenpand,' zei ik. Ik vertelde het verhaal van de gevel en dat de nicht van Jan Simonsz. Muijen met haar man was afgebeeld door Rembrandt.

Ik liep naar boven en ging aan mijn bureau zitten. Aan het bureau tegenover mij zat collega A., achter zijn flinterdunne laptop. Ik zei dat ik met zijn schoonzus in Londen en in Zuid-Frankrijk was geweest. Collega A. antwoordde niet, hij bleef naar het scherm van zijn laptop staren.

Ik belde met een vrouw in Veendam die autochtone Veendammers in contact bracht met Turkse plaatsgenoten. Het was de bedoeling dat de autochtone Veendammers de Turkse plaatsgenoten vertrouwd zouden maken met Hollandse zeden en gewoonten. De vrouw zei dat het project erg succesvol was.

De zieke hoofdredacteur kwam binnen met een sigaar in zijn mond. Ik vertelde over het Veendamse inburgeringsproject, de hoofdredacteur zei dat ik ernaartoe moest gaan.

De hoofdredacteur vroeg of ik ook een verhaal wilde schrijven over Pim Fortuyn. Iedereen was ervan overtuigd dat Fortuyn over een paar maanden de nieuwe minister-president van Nederland zou zijn. De hoofdredacteur gaf mij het boek *Babyboomers – het persoonlijke en openhartige verhaal van een eigenzinnige outsider*, waarin Fortuyn over zijn jeugd schreef.

Tegenover collega A. begon ik in het boek te lezen. Fortuyn weidde uit over seksuele contacten die hij als jongetje met oudere mannen had. Hij vond het belachelijk dat die contacten strafbaar waren, het konden juist 'verrijkende ervaringen' zijn.

Ik las ook dat Fortuyn in zijn jeugd last had van een diepgewortelde 'afkeer van stront'. Daarom was hij naar een therapeut gegaan. 'We werkten het trauma door en sindsdien vind ik niets lekkerder dan kontjes likken.'

De volgende dag zocht ik verder in het stadsarchief. Ik ontdekte dat Joseph Conrad waarschijnlijk in ons huis was geweest. Hij ging op bezoek bij Gerhard Baltussen, een man die van 1882 tot 1929 woonde op de verdiepingen die ik huurde van de Shell-directeur.

Deze Baltussen, geboren in 1852, had met een collega scheepsagentschap Weldragen, Baltus & Co. opgericht. Ze verstuurden goederen over zee en verkochten reizigersplaatsen voor overtochten. Het kantoor was bij Baltussen aan huis gevestigd.

Op 9 januari 1887 plaatste Weldragen, Baltus & Co met een ander scheepsagentschap een advertentie in het *Algemeen Handelsblad*. Aan boord van het 'Eerste klasse snelzeilend Engelsche Barkschip Highland Forest', dat van Amsterdam naar Soerabaja zou varen, was nog plaats voor lading en passagiers. 'Spoedige expeditie, uitmuntende inrichting voor passagiers.'

Joseph Conrad kwam in januri 1887 aan in Amsterdam. In Cardiff had hij gehoord dat er voor de Highland Forest een eerste stuurman werd gezocht. Toen Conrad arriveerde lag het schip al een maand in Amsterdam. Door het strenge winterweer lukte het de scheepsagentschappen niet de lading die aan boord moest naar Amsterdam te laten komen. Het zou tot maart duren voor de lading de hoofdstad bereikte en de Highland Forest vertrok.

Conrad werd aangenomen. De Schotse eigenaren van het schip lieten hem per brief weten dat hij de scheepsagentschappen onder druk moest zetten. Aan collega-auteur Ford Madox Ford vertelde Conrad later dat hij tegen zijn zin naar de kantoren van de cargadoors was gegaan. De Hollanders waren vriendelijk en welbespraakt, hij durfde hun geen ultimatum te stellen.

Met de schoen die Luna op het zoldertje had gevonden ging ik naar het Verzetsmuseum. 'Dat zou heel goed een schoen uit de oorlog kunnen zijn,' zei een conservator. Hij klopte op de zool en voelde aan het leer. Hij wilde de schoen onderzoeken en eventueel toevoegen aan de collectie.

De conservator vertelde dat Luna's huis een bekend onderduikadres was geweest. Het lag aan de rand van de joodse wijk. Een verzetsgroep verstopte er joden, die daarna naar boerderijen in het noorden van Nederland werden gebracht.

Er had ook een verrader in het huis gewoond: Joop Stallinga. Eerst hielp hij met de verspreiding van een verzetskrant, daarna was hij gaan samenwerken met de Duitsers. Hij gaf de Duitsers namen en adressen, wat tot arrestaties en deportaties leidde.

In het stadsarchief zag ik dat de schilder Hans van Norden voor en tijdens de oorlog in het huis van Luna had gewoond. In het telefoonboek stond het nummer van zijn zoon. De zoon vertelde dat zijn vader nog leefde, maar niet goed bij zijn verstand was. 'Je kunt beter met oom Wim praten, die kwam er ook vaak.'

Ik ging op bezoek bij oom Wim. 'Ik hoor erg slecht,'

zei oom Wim. Ik ging naast hem op de bank zitten en vroeg op luide toon of hij over het huis van zijn broer wilde vertellen. Oom Wim vertelde dat hij een paar keer in het huis van zijn broer was geweest. 'Het was daar één grote bende. Iedereen deed het met iedereen.'

Oom Wim vertelde dat hij één keer op de zolder had geslapen. 'Op die zolder heeft mijn vriendin een schoen gevonden,' zei ik. 'Misschien was die schoen van mij,' zei oom Wim. Hij deed die nacht op de zolder geen oog dicht. Dat kwam doordat hij in de bioscoop *Das Testament des Dr. Mabuse* van Fritz Lang had gezien.

In de oorlog had er een student medicijnen in het huis gewoond, een zekere Robert Strobos. Robert Strobos had een Chinese vriendin met wie oom Wim een relatie kreeg. Na de oorlog trouwde oom Wim met haar. 'Robert is naar Amerika geëmigreerd,' zei oom Wim.

In Amerika werd Robert Strobos chirurg. In 1980 publiceerde hij in eigen beheer een roman die ging over een chirurg die in een midlifecrisis terechtkwam. 'Dat boek was nogal autobiografisch,' zei oom Wim. Hij liep naar zijn boekenkast en haalde het tevoorschijn. *Treading water, a novel by Robert Strobos*, stond er op het omslag.

Tussen erotische passages over een zekere Carlotta, schreef Strobos over het huis in Amsterdam waar hij voor en tijdens de oorlog met een paar vrienden had gewoond. De schilderende broer van oom Wim kwam erin voor, een zekere Doorenson en een zekere Frank. Frank sprak de hele dag over Nietzsche en Dostojevski, Doorenson was een bruidsfotograaf die wilde feestjes in het huis organiseerde. Vanwege de avondklok gingen die feestjes de hele nacht door.

Strobos schreef dat het huis erg smerig was. Zelf kieperde hij elke ochtend de as uit zijn kachel in een hoek van de kamer. Terwijl er gefeest werd zaten op de bovenste verdieping, waar een vluchtroute naar het dak was, joodse onderduikers gespannen te wachten tot ze naar een volgend adres werden gebracht. Een joodse vrouw die allergisch was voor huisstof had de hele nacht zitten niezen.

De verhuizers brachten Luna's spullen, samen richtten we de bovenverdiepingen in. Ik vertelde over de allergische joodse vrouw en de wilde feestjes. We gingen nog een keer de krappe zolder op, waar oom Wim na het zien van *Das Testament des Dr. Mabuse* niet kon slapen. Vergeefs zochten we naar een geheim luik waarmee je op het dak kon komen.

Luna beloofde dat ze 's middags pas zou drinken. Rond drie uur liepen we samen naar het café op de hoek. Luna bestelde twee witbier en twee jonge jenever. Ze las in *The Waste Land* en vertelde aan de barman dat ik had ontdekt dat Joseph Conrad in ons huis was geweest.

We wandelden door de stad. In een antiekwinkel in de buurt van de Nieuwmarkt kocht ik voor Luna een zijden nachtjapon van tweehonderdvijftig euro. We deden boodschappen en maakten eten. Ze was dol op griesmeelpudding met rozijnen, die ik opwarmde in een magnetron. Samen wasten we af. We sloten de Nightingale-speakers aan en luisterden naar muziek.

In de videotheek huurden we *Das Testament des Dr. Mabuse*. Op de derde verdieping, die we als huiskamer hadden ingericht, keken we de film. Luna had de zijden nachtjapon aan, de magere kat lag op haar schoot.

Dr. Mabuse zat opgesloten in een inrichting. In de gedaante van een geest kon hij zijn cel verlaten en in anderen neerdalen. Op die manier voerde hij een terreurorganisatie aan die Berlijn met een chemische aanval wilde treffen.

Met de trein en de bus ging ik naar Veendam. De vrouw van het inburgeringsproject stelde mij voor aan een gepensioneerde onderwijzer. De gepensioneerde onderwijzer had die dag een afspraak met de imam. We reden naar een buurthuis waar hij de imam zou ontmoeten. In het buurthuis stond een Turkse man te stofzuigen, amicaal sloeg de gepensioneerde onderwijzer hem op de schouder.

Hij nam de imam mee naar de school waar hij had lesgegeven. Bij de kapstokken bleef hij staan. 'Veel jassen kunnen hier hangen,' zei de gepensioneerde onderwijzer. Hij sprak luid en articuleerde zorgvuldig. 'Goede ventilatie voor de jassen. Als ze nat zijn, worden ze gedroogd.' 'Jullie vergaderen veel,' zei de imam. 'Dat komt natuurlijk omdat jullie heel veel krijgen. Heel veel post. Dat krijgt een school in Turkije niet.'

Toen we de school uit liepen ging mijn telefoon, het was Luna. 'Ik kan nu niet praten,' zei ik. 'Ik ga een fles kopen,' zei Luna. 's Middags zat ik in het huis van de gepensioneerde onderwijzer. Hij vertelde dat de imam een intellectueel was. 'Geloof me, hij heeft vanochtend heel veel aantekeningen gemaakt. Die gaat hij gebruiken.' Luna belde nog een keer. 'Ik ga weer een flesje kopen,' zei ze met onvaste stem.

's Avonds ging ik met de gepensioneerde onderwijzer terug naar het buurthuis. Daar zat de imam, met een andere autochtone Veendammer. De gepensioneerde onderwijzer werd boos op de andere autochtone Veendammer. 'De imam is van mij,' zei hij. Hij zou het gaan aankaarten bij de vrouw van het project.

Tegen middernacht was ik thuis. Op de bovenste verdieping, waar de joodse vrouw niesaanvallen had gekregen, lag Luna in haar zijden nachtjapon op de bank met een telefoon in haar hand. Op de grond lagen lege wodkaflessen. Luna probeerde haar ogen open te doen. Haar irissen waren weggedraaid, alleen haar oogwit was te zien.

Ze sprak met de vreemde stem. 'Waar ben je al die tijd geweest?' 'In Veendam,' schreeuwde ik. 'Ik geloof er niks van,' zei Luna. Ze wilde niet naar beneden komen, ze wilde met de telefoon op de bank blijven liggen. Alec Guinness kon elk moment bellen.

De volgende ochtend schreef ik het verhaal over de inburgeringscursus aan mijn schrijftafel. Soms keek ik naar de gracht met de rondvaartboten. Ik vroeg me af wat Joseph Conrad in deze kamer tegen Baltussen gezegd zou kunnen hebben.

Luna kwam naar beneden. Ze deed de deur naar mijn verdieping open. 'Ik ga een flesje halen.' Ze deed de deur weer dicht. Ze liep de trap af naar het souterrain en tilde haar fiets naar buiten. Ik ging voor het raam staan. Ze had mijn zwarte winterjas aan en mijn grijze pantalon. Haar haren zaten in de war. Ze zag mij achter het raam staan en zei iets wat ik niet verstond.

De telefoon ging, het was Luna's moeder. 'Ze is boodschappen doen,' zei ik. Luna's moeder vroeg of ik erop wilde letten dat Luna haar seroxat en haar oxazepam wel slikte. Ze hield een heel verhaal. Ze dacht dat Luna's neurotransmitters onvoldoende serotonine doorgaven en dat haar dopaminereceptoren waren beschadigd.

Even later liep Luna met een tas vol rinkelende flessen de trap op. Ik liep achter haar aan. 'Je moeder vraagt zich af of je je seroxat en je oxazepam wel slikt,' zei ik. Luna haalde de flessen uit haar tas. Het waren halveliterflessen wodka. Ze schroefde de dop van een halveliterfles en dronk hem achter elkaar leeg. Daarna viel ze op de bank in slaap.

Een paar uur later werd ze dronken wakker. Ze sloeg opnieuw een halveliterfles wodka achterover. Ze pakte de telefoon en belde de dikke jongen in Londen. 'Waarom hoor ik niks van Alec Guinness?' schreeuwde ze. Daarna probeerde ze manager Ian te bellen. Op zijn voicemail sprak ze in dat ze had opgetreden in het televisieprogramma van Johnny de Mol en dat ze van plan was in Nederland een solocarrière te beginnen.

De bel ging. Het was de dichter die ook redacteur was. 'Mijn vrouw is bevallen,' zei hij. 'Als jullie zin hebben mogen jullie beschuit met muisjes komen eten.' Luna poetste haar tanden en deed een jurkje aan.

We gingen het pand met de neoklassieke gevel binnen. In de huiskamer zat de vrouw van de dichter die ook redacteur was in een van de stoelen die wij op straat hadden gezet. Luna hield de baby vast en at beschuit met muisjes.

Ze begon over de gehandicapte joodse diamanthandelaar Marcus de Leeuw, die de neoklassieke gevel over de pilastergevel heen had laten bouwen. 'Zou het niet prachtig zijn om het pand weer in de oorspronke- lijke staat terug te brengen?' De dichter die ook redac- teur was zei dat hij zijn neoklassieke gevel net zo mooi vond als de oorspronkelijke pilastergevel. Luna zei dat ze de neoklassieke gevel kitscherig vond.

Ze liep langs de boekenkast en zag een exemplaar van *The Waste Land* staan. Ze bladerde naar de pas- sage over de vallende torens en de krioelende hordes in kapmantels. 'What is that sound high in the air,' las ze hardop, 'Murmur of maternal lamentation'. De dichter die ook redacteur was zei dat het niks met Af- ghanistan had te maken.

De dagen erna bleef Luna wodka drinken. Ze wilde niet dat ik naar boven kwam. Toen ik toch naar boven kwam vloog ze in het zijden nachthemd op me af. Ik zag dat er brandgaten in het zijden nachthemd zaten. Ik greep Luna vast en duwde haar op de bank. Ze viel op iets hards. Tussen de kussens van de bank lagen lege flessen. Overal lagen lege flessen.

Ik deed de lege flessen in een tas en bracht ze naar de glasbak. De volgende dag lagen er weer lege flessen op haar verdieping. Opnieuw fietste ik met een volle tas naar de glasbak.

Met lege flessen naar de glasbak fietsen werd een onderdeel van mijn leven. Soms was de bak leeg en hoorde ik de flessen op de bodem kapotvallen, soms was de bak vol en moest ik de flessen naast de bak neerzetten. Op een keer gooide ik flessen in de glasbak terwijl Luna voorbijfietste met een tas vol nieuwe flessen.

Voor een volgend verhaal moest ik naar Urk. Ik wilde Luna niet alleen laten in het huis en nam haar mee. Het verhaal ging over een groep Urker vissers die zich elk weekeinde klem zoop in een café met een stalen toegangsdeur en zwarte luiken voor de ramen. Kat in 't Bakkie heette het café.

De hele nacht zaten Luna en ik met de vissers in café Kat in 't Bakkie. Luna vertelde over Wassenaar en over Londen. 'Londen, daar zou ik wel eens heen willen,' zei een van de vissers. Nog nooit hadden de vissers een vrouw gezien die zoveel kon drinken. Met hun kiezen ontkroonden ze bierflesjes voor haar en ze hieven vissersliederen aan.

Toen het licht begon te worden brachten ze ons naar een leegstaand huis aan de rand van Urk. In de meterkast van het leegstaande huis bewaarden ze een voorraad cocaïne. Met de vissers snoven we een paar lijntjes cocaïne van een spiegel. De vissers zeiden dat ze naar de kerk moesten, de eerste dienst begon.

Na Urk ging het drinken door. Luna was alleen nog maar de vreemde die ik in Saint-Rémy-de-Provence had leren kennen. Ik zei dat ze zichzelf niet was, dat het leek alsof Dr. Mabuse bezit van haar had genomen. 'Misschien is dit wel hoe ik echt ben,' zei Luna.

Ze zei dat ze in coma wilde zijn. Om in coma te raken had ze steeds meer alcohol nodig. Als ze in elkaar zakte droeg ik haar naar de bank en legde ik een deken over haar heen. In coma zag ze er vredig uit. Ze leek weer de persoon die ik meende te kennen. Ze ademde rustig, haar mond stond tevreden. Ik ruimde de flessen op, gaf de magere kat te eten en maakte het huis schoon.

Als ze ontwaakte hoopte ik dat ze de oude was. Maar dan hoorde ik de vreemde stem weer, die zwaar en zangerig klonk. Ze stommelde de trap af. Door het gewelfde glas in de deur naar mijn verdieping zag ik haar voorbijkomen. De voordeur sloeg dicht, tien minuten later was ze terug. Met rinkelende flessen liep ze de trap weer op.

Ik hoorde haar overgeven en ging naar boven. In een doorweekt hemd zat ze op haar knieën voor de wc, slierten haar plakten aan haar gezicht. Ze had een fles in haar hand. Ze kotste en nam een slok. Haar hoofd sloeg voorover tegen de wc-pot, er rolde iets over de grond. Het was een tand, haar linkerhoektand. Ik pakte de tand en deed hem in mijn mond. Iemand had mij ooit verteld dat tanden terug geplaatst kunnen worden als je ze meteen in je mond doet.

Ik sleepte Luna naar de bank en waste het bloed van haar gezicht. Met de tand in mijn mond liep ik naar beneden. Aan mijn bureau belde ik een tandarts. 'Ik kan u nauwelijks verstaan,' zei de tandarts toen ik met Luna's tand in mijn mond de situatie uitlegde. Toen hij het eindelijk begreep zei de tandarts dat het makkelijker was om een kunsttand te plaatsen.

Op een avond wilde ze in haar zijden nachthemd met brandgaten de straat op gaan. Ik hield haar tegen op de trap. Ze sloeg en schopte tot we van de trap vielen. 'Ik haat je,' schreeuwde ze. 'Pak je spullen en verdwijn.' Ik pakte een stift en tekende in de hal een afgetakeld vrouwenhoofd op de muur.

De ochtend na die vechtpartij goot ze de wodkaflessen leeg in de gootsteen. 'Ik hou van je,' zei ze. 'Laat me alsjeblieft nooit alleen.' We omhelsden elkaar.

Ze belde haar huisarts en vroeg om medicijnen tegen ontwenningsverschijnselen. Ze vroeg of ik meeging naar de apotheek. Het was druk in de apotheek, bibberend stond Luna naast mij in de rij.

Ze nam de medicijnen in en ging op de bank op mijn verdieping liggen. Rillend en zwetend lag ze daar. Ze gaf over in een emmer, er kwam gal uit haar tevoorschijn.

Om haar af te leiden las ik voor uit de roman *Politiek en liefde* van Nachoem M. Wijnberg. In dat boek gaat het Nederlandse leger op expeditie in Afrika, waar een onbekende ziekte heerst. Tijdens de expeditie ontdekt generaal Vandenbergh tot zijn schrik dat er een veldhospitaal naar hem is vernoemd.

Na een paar bladzijden begon Luna te gillen. 'Hou op,' schreeuwde ze, 'ik kan er niet meer tegen.' Ze trok *Politiek en liefde* uit mijn handen en gooide het boek door de kamer.

We gingen naar de huisarts. Hij zei dat Luna's maagwand was beschadigd. Ze moest een roze vloeistof drinken die zich als een soort kauwgom aan de maagwand zou hechten. We gingen naar de tandarts, die een mooie kunsttand plaatste in de lege hoek.

Een week later bezochten we haar ouders. 'Je ziet er goed uit,' zei de Shell-directeur. Luna zei dat ze gestopt was met drinken. 'Dat is geweldig nieuws,' zei haar moeder. De Shell-directeur was in opperbest humeur. Na het eten vroeg hij of wij wisten waar de uitdrukking 'iemand een loer draaien' vandaan komt.

Hij zei dat het te maken had met valken die in tegenstelling tot duiven niet zomaar terugkeren naar hun kooi. 'Om valken te lokken gebruikt de valkenier een zogenoemde loer,' zei de Shell-directeur. Een loer was een leren buidel met een riem waar een stukje vlees op werd gelegd. De loer werd rondgedraaid, net zo lang tot de valk erop landde.

Een paar dagen later wilde Luna naar de woonboot in de Prinsengracht. 'Speed is niet zo erg,' zei ze. Met speed kon ze geconcentreerd aan de lichtbakken werken, na een paar weken zou ze weer stoppen.

Ik wilde haar niets verbieden, ik wilde haar niet controleren zoals haar vader deed. Dan zou ze mij voor de gek gaan houden en was alles afgelopen. Bovendien had ik zelf speed gebruikt.

We fietsten naar de woonboot in de Prinsengracht. De dealer deed de deur van de woonboot niet open. 'De fabriek ligt stil,' zei hij door de brievenbus. 'In heel Amsterdam is niks te krijgen.'

Luna belde een speedverslaafd meisje dat ze in de club aan de Nieuwezijds Voorburgwal had leren kennen. Het speedverslaafde meisje zei dat we de volgende dag om zes uur naar de stationsrestauratie van Utrecht Centraal moesten komen.

Ik zei tegen Luna dat ik niet kon, omdat er een poëzietijdschrift werd gepresenteerd waar gedichten van mij in stonden. De presentatie was in de stationsrestauratie van Amsterdam Centraal. 'Dat is juist handig,' zei Luna, 'dan kunnen we snel op en neer.'

De volgende dag stond ik met haar in de stationsrestauratie van Amsterdam Centraal. De dichter des vaderlands hield een toespraak. Ik stelde Luna voor aan de dichter des vaderlands en aan andere dichters met wie ik bevriend was. Luna begon over *The Waste Land*. Geboeid luisterden de dichters naar de verbanden die Luna legde tussen het gedicht en de oorlog in Afghanistan.

Er kwam een vergeten dichter naar mij toe die ik een jaar eerder in zijn huis in Drenthe had opgezocht. De vergeten dichter had zich toegelegd op haiku's, die niemand wilde uitgeven. Hij vond dat ik in het verhaal te weinig aandacht aan zijn haiku's had besteed. 'Het is een genre dat in de mode zal komen, let op mijn woorden,' zei de vergeten dichter.

Om halfzes stapten we in de trein naar Utrecht. In de restauratie zat het speedverslaafde meisje. Ze had een verkreukeld gezicht en keek gejaagd om zich heen. We gingen aan haar tafel zitten en bestelden koffie. 'Wat doe je eigenlijk in het dagelijks leven?' vroeg Luna. 'Ik ben prostituee,' zei ze.

Ik vertelde dat er in Amsterdam geen speed te vinden was en vroeg of dat in Utrecht ook zo was. Het meisje legde uit dat ze vloeibare speed gebruikte. 'Het komt uit een laboratorium,' zei ze.

We liepen naar een stille plek in het winkelcentrum. Het speedverslaafde meisje gaf ons vijf flesjes en een injectienaald. 'Je kunt het ook drinken,' zei ze. Luna vroeg of ze zin had om mee te gaan naar de borrel van het nieuwe poëzietijdschrift op Amsterdam Centraal. 'Ik moet werken,' zei ze. In de trein naar Amsterdam gooide Luna de injectienaald in een prullenbak en nam een slok uit een van de flesjes.

De dagen erna sliep Luna niet. Haar ogen stonden wijd open, het wit rond haar irissen was continu zichtbaar. Onafgebroken werkte ze aan een nieuwe serie lichtbakken. Ditmaal gebruikte ze geen filmbeelden, maar de foto's die ze in Lelystad in aanwezigheid van de Nigeriaanse journalist van de halfgesloopte wijk had gemaakt. Als ik naar bed ging was ze met een lichtbak bezig, als ik 's ochtends wakker werd nog steeds.

In het weekend gingen we naar een houseparty in Rotterdam. In de trein dronk Luna het laatste flesje speed leeg. Het was druk in de trein, Luna zat op mijn schoot. Af en toe las ze hardop een passage uit *The Waste Land* voor.

Voorbij station Leiden sprong er iemand voor de trein. Meer dan een uur stonden we stil. Ik zag hulpverleners langs het spoor lopen. Luna kon niet stilzitten. Ze maalde met haar kaken en schoof op en neer op mijn schoot. Ze deed *The Waste Land* in haar tasje en haalde het er weer uit. Ze wriemelde aan een kralenketting om haar nek. Het snoer brak en de kralen rolden onder de banken door.

Op de houseparty dansten we tegen elkaar aan. Naast ons ontstond een vechtpartij. In het flitslicht van de stroboscoop zagen we gebalde vuisten en bloedende gezichten. Luna ging naar de wc. Ze kwam terug met een zakje xtc-pillen. We namen ieder twee pillen.

Ik kreeg weer het gevoel dat ik mijn leven lang ten onrechte bedroefd was geweest. Het was of ik naast de gewone wereld stond, die eruitzag als een druipend gedrocht. Ik was door een gat gekropen en in een parallel universum terechtgekomen.

Ik keek naar Luna, ze danste met haar ogen dicht. Ik vroeg me af wat er omging in haar hoofd, hoe het was om daar te zijn. Luna en ik waren de gezonden in een ongezonde wereld.

Tegen een kale jongen naast mij begon ik over het heelal. 'Hoe is het allemaal begonnen, hoe komt het dat we hier nu staan,' zei ik. De kale jongen grijnsde en knikte. Hij stak zijn duim op en danste verder.

Ineens lag Luna aan mijn voeten. Ik bukte om haar op te rapen. Met Luna in mijn armen liep ik in het flitslicht van de stroboscoop door de dansende menigte. Een man in een geel hesje trok mij mee. In de lange zwarte muur van de zaal duwde hij een deur open.

We kwamen in een ruimte terecht waar ouderwetse bankstellen stonden. Op de vloer lag een Perzisch tapijt, aan de muren hingen dierenposters. In een rieten mand lag een hond. Een man en een vrouw namen Luna van mij over. Ze hadden EHBO-pakken aan.

Op een van de ouderwetse banken zat een verwarde

jongen. Zijn vriendin zat naast hem en streelde zijn gezicht. 'Je bent niet gek,' zei de vriendin. 'Dat weet ik ook wel,' zei de jongen, 'júllie denken dat ik gek ben.' De vrouw in het EHBO-pak vroeg mij hoe Luna heette en legde haar op een stretcher. 'Luna,' riep de vrouw een paar keer.

Luna lag in haar jurkje en haar netkousen op de stretcher. Haar mond stond een beetje open, het leek of ze lachte. De vrouw schudde aan haar schouders, Luna deed haar ogen open. Ze schrok van de vrouw in het EHBO-pak en ging rechtop zitten. 'Rustig maar,' zei de vrouw, en ze streelde haar voorhoofd. 'Eerst maar even wat drinken.' De man gaf haar thee met suiker en een banaan. 'Ik wil geen banaan,' zei Luna.

De vrouw in het EHBO-pak kwam naar mij toe. 'Ga jij ook maar even rustig zitten,' zei ze. 'Ik voel me prima,' zei ik. 'Je bent hier veilig,' zei de vrouw. 'Het lijkt hier wel een huiskamer,' zei ik. 'Dat is ook de bedoeling,' zei de vrouw. 'Soms raak je gewoon een beetje in de war en dan kun je hier tot rust komen.' 'Wij hebben alle kennis in huis, pas als het echt nodig is bellen we een ambulance,' zei de man.

De deur waardoor de man in het gele hesje mij naar binnen had gelaten ging open, basdreunen en het stroboscooplicht golfden de ruimte binnen. De jongen op de ouderwetse bank schoot overeind en begon driftig te dansen op het tapijt. 'Kalm jij,' zei de man in het EHBO-pak.

Door de deur kwam een jongen met een tegenstribbelende vriend naar binnen. De tegenstribbelende jongen riep iets over een dierentuin. De man en de vrouw pakten de jongen beet. 'Dit is de dierentuin,' zei de vrouw. 'Je kunt hier even tot jezelf komen. En als je je straks beter voelt, mag je weer gaan dansen.'

Op een tafel naast de mand met de slapende hond lag een foldertje. In de folder stond dat de man en de vrouw Nico en Jolande waren. Ze vormden het EHBD-team, wat stond voor Eerste Hulp bij Drugs- & Drankgebruik. Bij houseparty's werden ze ingehuurd. 'In ontspannen sfeer en met vooral persoonlijke aandacht en zonder vooroordelen verlenen wij eerste hulp aan bezoekers in nood,' stond er in de folder.

Ik riep de man en de vrouw. 'Ik ben journalist,' zei ik. 'Dit is een geweldig onderwerp. Ik wil hier graag een reportage over schrijven.' 'Rustig nou maar,' zei de man. Hij depte mijn voorhoofd met een koud washandje. Ik probeerde uit te leggen dat er niets met mij aan de hand was. 'Hij is echt journalist,' riep Luna vanaf de stretcher.

Ze vertelde over Veendam en over Urk en over wat ik allemaal had uitgezocht over ons huis. 'Joseph Conrad is er geweest en de nicht van de man die het in 1650 liet bouwen is samen met haar man geschilderd door

Rembrandt.' 'Dit is de dierentuin niet,' riep de tegenstribbelende jongen.

In de nachttrein naar Amsterdam viel Luna in slaap,
ze lag met haar hoofd in mijn schoot, ik streelde haar.
Het werd licht toen we thuiskwamen. Ik maakte spaghetti met knoflookgarnalen. Luna at er goed van,
daarna viel ze in slaap. Ze sliep die dag, die nacht, de
volgende dag en de volgende nacht. Toen ze opstond
wilde ze weer spaghetti met knoflookgarnalen eten.

Ze ging in bad en waste haar haren. Ze kocht twee
nieuwe jurkjes en ging naar de kapper. 's Avonds haalde ik haar op bij een sportschool. Een gevoel van ge-
luk en trots ging door mij heen toen ik haar vanaf de
straat op een loopband zag rennen.

Het ging goed, de weken erna. We nodigden vrienden uit die bleven eten. Luna zei dat ze een literaire
salon in het huis wilde beginnen. Het moest een soort
Bloomsbury Group worden, waar het huis tweehonderd jaar later nog bekend om zou staan. De vrienden
zouden bij andere vrienden informeren of er belang-
stelling voor bestond.

We gingen naar boekpresentaties en wandelden
door de stad. Luna leerde mij Grieks. Ik kocht een
schoolschrift en maakte lesjes die ze mij opgaf. Ze
maakte de serie lichtbakken van de halfgesloopte wijk
in Lelystad af. Ik stuurde een brief met foto's van de

lichtbakken naar een stichting die exposities verzorgde in het stadhuis van Lelystad.

7

Ik had kaartjes voor *Hamlet*. Op de dag van de voorstelling begon Luna weer te drinken. Ze legde een briefje ('ga een flesje halen') op mijn bureau terwijl ik voor het Fortuyn-artikel aan de telefoon was met een psychotherapeut die omstandig uitlegde dat Fortuyn aan een narcistische persoonlijkheidsstoornis leed. Ik had de psychotherapeut nog steeds aan de lijn toen Luna met een tas vol rinkelende flessen terugkwam en naar boven liep.

Een paar uur later kwam ze naar beneden. Ze had zich mooi aangekleed, met haar lippenstift was ze een beetje uitgeschoten. 'Ik heb zin in *Hamlet*,' zei ze. Met Luna achterop fietste ik naar de Stadsschouwburg. We zaten op het balkon, recht tegenover het toneel. Tijdens het eerste bedrijf viel Luna snurkend in slaap.

Aan het einde van het eerste bedrijf, Hamlet was in gesprek met de geest van zijn overleden vader, schrok ze wakker. Ze stond op en verdween, struikelend over voeten en traptreden, door de zaaldeur naar de hal.

Na een poos ging aan de andere kant van het balkon een zaaldeur open. Er klonk geroezemoes en ik hoorde Luna vloeken in het Engels ('bugger'). De deur ging dicht, vlak daarna ging weer een andere zaaldeur open. Een kwartier lang deed Luna op verschillende verdiepingen zaaldeuren open. Toen ze eindelijk naast mij zat, hoorde Ophelia op het podium dat haar vader was vermoord, waarop ze een klaagzang aanhief. 'Wat een hysterisch wijf,' zei Luna.

De hele nacht dronk Luna door. De volgende dag ging de telefoon. Het was een dame van de stichting die exposities verzorgde in het stadhuis van Lelystad. Ze hadden de brief ontvangen en wilden de lichtbakken graag in het echt bekijken. De dame zei dat ze in Amsterdam was en meteen langs kon komen.

Ik liep naar boven, Luna lag verwilderd op de bank. 'Er komt zo iemand van die stichting naar je lichtbakken kijken,' zei ik. Luna probeerde mij aan te kijken maar haar ogen zakten dicht.

Eén voor één tilde ik de lichtbakken over de steile trap naar beneden. Luna mompelde dat haar broer zou kunnen helpen. 'Dat hoeft niet,' zei ik. Ik zette de lichtbakken in de huiskamer neer, waar de meeste ruimte was. Ik fietste naar een doe-het-zelfzaak en kocht verlengsnoeren om alle lichtbakken aan te kunnen sluiten.

Toen ik terugkwam stond Luna's broer voor de deur. 'Ik hoorde van mijn zusje dat je hulp nodig hebt.' Hij liep met me mee naar binnen en zei dat het hem speet dat hij de Nigeriaanse journalist met de decoupeerzaag aan het schrikken had gemaakt.

In de huiskamer ging ik met stekkers en verlengsnoeren in de weer. Intussen legde Luna's broer twee lijntjes coke klaar op een glazen bijzettafeltje. Hij rolde een bankbiljet op, snoof een lijntje, en reikte mij het opgerolde bankbiljet aan. 'Nee dank je,' zei ik.

Ik deed de stekkers in de stopcontacten en schoof de gordijnen dicht. Knipperend gingen de tl-buizen in de lichtbakken aan, de afbeeldingen van de gesloopte Lelystadse rijtjeshuizen lichtten geheimzinnig op. 'Het lijkt de dag des oordeels wel,' zei Luna's broer.

De bel ging, ik liep naar beneden. Voor de deur stond een vrouw van middelbare leeftijd en een oudere dame. De oudere dame was de initiatiefneemster van de stichting, de vrouw van middelbare leeftijd een medewerker die verstand had van hedendaagse kunst.

'Wat een bijzonder pand,' zei de oudere dame. Ik vertelde over Jan Simonsz. Muijen en dat zijn nicht was afgebeeld op een schilderij van Rembrandt. We liepen de trap op en gingen de huiskamer binnen. Daar stond Luna's broer, het opgerolde bankbiljet lag nog op het glazen tafeltje.

Luna's broer knikte de dames toe. In het schijnsel

van de lichtbakken zag hij er onheilspellend uit. Ik nam hem bij de arm en voerde hem de kamer uit. De vrouwen waren onder de indruk van de lichtbakken. 'Het is een bijzondere techniek,' zei de medewerkster.

'En waar is de kunstenares zelf?' vroeg de galeriehoudster. 'Zij treedt liever niet in de openbaarheid,' zei ik. Van boven klonk een daverende dreun, ik hoorde gruis tussen de muren naar beneden vallen. De dames gaven een adres op en vertrokken.

Ik liep de trappen op naar boven. Luna en haar broer snoven cocaïne van een spiegel. Een eikenhouten wandkast lag op zijn kant in de kamer. Luna's broer had zich eraan vastgegrepen toen hij uitgleed over een lege fles.

Een paar dagen later belde Luna's moeder. Luna nam de telefoon op, brabbelde wat en hing weer op. Een uur later parkeerde de Shell-directeur zijn Audi voor de deur. Met zijn vrouw kwam hij naar binnen. Ze liepen de trap op en wikkelden Luna in een deken. In de Audi reden ze haar naar Wassenaar. Met de magere kat bleef ik achter in het grachtenpand. In de wasmachine op Luna's verdieping vond ik zes lege flessen.

Na twee dagen belde Luna's moeder om te zeggen dat Luna mij wilde zien. Ik nam de trein naar Leiden. Achter het station wachtte de Shell-directeur. 'Ze moet stoppen met drinken,' zei hij toen we in de Audi langs het landgoed van Willem Alexander en Máxima reden.

Op het grind naast de serre wachtte Luna's moeder. 'Ze is in het tuinhuisje,' zei ze. Ik liep naar het tuinhuisje. De ramen van het tuinhuisje waren aan de binnenkant met vuilniszakken dichtgeplakt. De deur zat op slot. Ik riep 'Luna' en klopte op de dichtgeplakte ramen. De deur ging open.

Luna had alleen het zijden nachthemd met de brandgaten aan. Er waren stukken uit haar haar geknipt. Op haar lange dunne armen zaten krassen en bloedkorsten. Ze keek me aan met halfgesloten ogen, haar mond hing open. 'Die dikke metronoom,' zei ze. 'Allemaal dingen die ik met dat ronde glas wil doen.'

Ze gaf me een stuk plastic waar twee draadjes aan zaten. Het was het spiraaltje dat ze een paar maanden eerder bij de huisarts in Wassenaar in had laten brengen. Haar moeder had daarop aangedrongen, omdat ik in haar leven was gekomen. En nu had ze het eruit getrokken, op een of andere manier had ze het spiraaltje uit zich getrokken. 'Ik wil een kind van je,' fluisterde ze. Ik duwde haar van me af. 'Doe normaal, kom terug,' schreeuwde ik.

In het verduisterde tuinhuisje brandde een kaars. Op de grond lag een matras met houtskooltekeningen eromheen. 'Glas en licht, dat is zo vreemd,' zei ze. 'Rond glas geleidt licht naar z'n lichtste punt toe. Dan heb je echt het Nederlandse landschap te pakken.'

In een hoek zag ik lege flessen staan. Dure wijn die ze 's nachts uit de kelder van haar vader had gehaald. Aan de muur hingen surrealistische schilderijen van haar moeder, die het tuinhuisje als atelier gebruikte.

Er werd op de geblindeerde ramen geklopt. Ik schoof een vuilniszak opzij en zag twee mannen staan. 'Wij zijn van de Stichting Mobiele Artsen Service Haaglanden,' zeiden ze. Ik deed de deur open, de mobiele artsen kwamen naar binnen, gevolgd door de Shell-directeur en zijn vrouw. De mobiele artsen vroegen of Luna hulp wilde. 'Ik wil wat drinken,' zei Luna. 'Er wordt hier niet gedronken,' brulde de Shell-directeur.

De mobiele artsen zeiden dat ze Luna niet tegen haar zin konden meenemen. 'Op dit moment vormt ze geen gevaar voor zichzelf of haar omgeving,' zei een van de mobiele artsen. 'Ziet u dan niet dat mijn dochter in een delirium verkeert?' zei de Shell-directeur.

Ik vertelde wat er gebeurd was met het spiraaltje. Luna's moeder slaakte een kreet, de Shell-directeur huiverde. De mobiele artsen zeiden dat de huisarts een nieuw spiraaltje kon plaatsen. Ze gaven de Shell-directeur een factuur en vertrokken.

Luna dreigde dat ze desnoods in haar nachthemd in Wassenaar op zoek zou gaan naar drank. 'Haal in godsnaam een fles wijn uit de kelder,' zei Luna's moeder tegen de Shell-directeur.

Twee dagen later organiseerde het tijdschrift een etentje in een Libanees restaurant. Collega A., collega B., de oudere getrouwde vrouw en de dochter van de filosoof waren er ook. 'Ben je nog steeds met die hoer?' vroeg de oudere getrouwde vrouw. 'Hij is nu met een junk,' zei de dochter van de filosoof.

Luna belde. Ik liep het restaurant uit om haar beter te kunnen verstaan. Ze lag in Wassenaar met een fles wodka in het bed in de logeerkamer van haar oma. 'Ik heb een sigaret uitgedrukt op mijn arm,' zei ze. 'Ik voel me ontzettend opgelucht, nu kan ik eindelijk slapen.' Collega B. deed de deur van het Libanese restaurant open. 'Wat wil jij als hoofdgerecht?' vroeg hij.

De volgende dag ging ik naar Wassenaar. Luna lag in het logeerbed met verband om haar arm, dat 's ochtends door de huisarts was aangebracht. Ze trok het verband los en liet bijna trots haar arm zien. Ik zag zeven dieprode schroeiplekken, glimmend van een of andere brandwondencrème. Sommige schroeiplekken waren zo diep dat een rollende knikker erin tot stilstand zou komen.

Ze had ook geprobeerd haar hele voorraad seroxat in te slikken. De Shell-directeur was boven op haar gesprongen en had gezorgd dat ze de pillen weer uitspuugde.

Ik zat op de rand van het bed. 'Ik ga dit niet meer doen, liefje,' zei Luna. 'Vanaf nu gaat het echt beter worden.'

Die middag ging ik met Luna en haar moeder naar een psychiatrische kliniek in Leidschendam. In Amsterdam was ik al een keer met haar naar de gemeentelijke gezondheidsdienst gegaan. Daar had ze moeten aangeven wat haar problematiek was. 'Ik heb een persoonlijkheidsstoornis, een eetstoornis en er is sprake van overmatig drank- en drugsgebruik,' zei Luna.

Het was op niets uitgelopen. De persoonlijkheidsstoornisspecialist zei dat ze pas met een behandeling konden beginnen als ze stopte met alcohol en drugs. De eetstoornissen- en drank- en drugsspecialisten zeiden dat hun behandeling pas zin had als er iets gedaan werd aan haar persoonlijkheidsstoornis.

Luna's moeder had in de loop der jaren allerlei psychose- en schizofreniedeskundigen geraadpleegd en zich verdiept in uiteenlopende therapieën. Naast het schilderen van surrealistische schilderijen en het rijgen van kralenkettingen was het zich verdiepen in geesteziekten haar voornaamste bezigheid.

Met haar zoon had ze verschillende specialisten bezocht. Ze meldde hem aan voor programma's in privéklinieken. Gedwee volgde haar zoon die programma's, om na zijn ontslag zijn cokedealer weer te bellen. Bij een volgende psychose bedacht ze een nieuwe theorie waar een nieuwe specialist met een nieuwe therapie bij paste.

In de auto vertelde Luna's moeder over behandelingen die goed voor Luna zouden zijn. Ze had contact gehad met de Ursula Kliniek, de Fleury-stichting en de Rijngeest Groep. Maar ze was ervan overtuigd dat de kliniek in Leidschendam het beste had te bieden.

We reden het terrein van de psychiatrische kliniek op. Voor het hoofdgebouw was een grasveld waar patiënten met familieleden wandelden. Achter het hoofdgebouw was een parkeerplaats. Luna's moeder had een afspraak gemaakt bij professor Boudewijns, volgens haar de onbetwistbare autoriteit binnen zijn vakgebied.

Professor Boudewijns had een hoog voorhoofd en kort grijs haar dat warrig overeind stond. Hij zat in een rommelige kamer die uitkeek over het grasveld waar de patiënten met familieleden wandelden. Op zijn bureau lag Luna's medisch dossier, opgestuurd door haar huisarts in Wassenaar, die haar na het bezoek van de mobiele artsen met de eendenbek had onderzocht en een nieuw spiraaltje had ingebracht. Luna, versuft van de alcohol, had er nauwelijks iets van gemerkt.

Haar moeder zei tegen professor Boudewijns dat Luna op jonge leeftijd van het dak was gevallen. 'Mijn man zat de krant te lezen in de woonkamer. Hij zag haar voor het raam op de grond ploffen.' 'Ik heb liever dat uw dochter zelf haar levensverhaal vertelt,' zei dokter Boudewijns. Luna begon over haar tijd in Turkije. Over de vlag die ze moest kussen en de jongen die tegen haar wil met haar naar bed was gegaan. Toen ze klaar was met de privéschool werd ze 'gedumpt' in Londen. 'Gedumpt?' riep Luna's moeder. 'Je wilde zelf naar Londen!'

Professor Boudewijns vroeg of Luna's moeder op de gang wilde wachten. Toen ze weg was vertelde Luna dat haar moeder haar had leren overgeven, en dat het soms leek of haar moeder wílde dat ze ziek was, zodat ze haar kon redden. 'Dat heet het Münchhausen by proxy-syndroom,' zei dokter Boudewijns.

Luna vertelde over de band in Londen en de heroïne. Dat ze mij had ontmoet op de bruiloft van haar zus en dat Joseph Conrad in het grachtenpand was geweest. Toen ze over *The Waste Land* begon zei professor Boudewijns dat hij met mij wilde praten. Luna liep de gang op.

'Je vriendin is een borderliner,' zei professor Boudewijns tegen mij. Hij legde uit dat borderliners instabiel en impulsief zijn. Bovendien waren ze suïcidaal en hielden ze ervan zichzelf te verwonden. Prinses Diana en Marilyn Monroe waren borderliners.

Ik vernam dat de vakliteratuur er vlak voor de Twee-de Wereldoorlog voor het eerst melding van maakte. De term borderliner werd gebruikt omdat het om mensen ging die zowel neurotische als psychotische kenmerken vertoonden, terwijl die twee tot dat moment als strikt gescheiden golden. Het grote probleem van de borderlinestoornis was dat er niet zoveel aan te doen was.

'Veel hangt van de levenspartner af,' zei professor Boudewijns. 'Jij bent erg belangrijk voor haar, jij moet de stabiele factor in haar leven zijn.' Professor Boudewijns wilde Luna naar een alcoholkliniek sturen. Hij was bang dat ze daarna in een zwart gat zou vallen. 'Het is belangrijk dat ze na het ontslag iets te doen heeft.' Een baan zou het beste zijn. Met een baan zou het helemaal goed kunnen komen.

Luna kon terecht in een alcoholkliniek in Den Haag. Met de Shell-directeur en haar moeder bracht ik haar weg. Op de achterbank van de Audi hield ik haar hand vast, de hand aan de arm met de zeven schroeiplekken.

We kwamen in de ochtendspits terecht. Luna keek naar de auto's die naast ons stilstonden. 'Waar gaan al die mensen toch naartoe?' vroeg ze. 'Dat zijn mensen die een baan hebben en werken voor hun geld,' zei de Shell-directeur.

We reden over een rechte weg in de richting van het strand. Rechts van de weg begonnen de duinen, aan de linkerkant was een hoge heg. Bij een opening in de heg sloeg de Shell-directeur links af.

We reden over een smalle straat die naar een sporter was vernoemd. De straat kruiste andere straten die ook naar sporters waren vernoemd. Langs de straten stonden nieuwbouwwoningen. Ze waren van lichtrode baksteen en hadden piramidevormige daken. Door het raam van een van de nieuwbouwwoningen keek ik naar binnen. In een huiskamer zaten mensen op stoelen in een kring.

Rond elk huis liep een vierkant pad van wit grind. In sommige tuinen was een heg of een conifeer geplant, vaak groeide er alleen gras. In een tuin zaten twee dunne mannen in plastic stoelen in de ochtendzon. Ze rookten shag en dronken koffie.

De smalle straat eindigde op een parkeerplaats waar een telefooncel stond. We stapten uit en liepen een straatje in dat naar een schaker was vernoemd. 'Ik zeg goeiemorgen,' zei een sjofele man in een regenjas tegen de Shell-directeur.

De nieuwbouwwoningen aan de rechterzijde van het straatje waren aan elkaar vast gebouwd. In de rechthoekige blokken waren acht wooneenheden ondergebracht. Bij de eenheid op de hoek van het een na laatste blok van het straatje was Luna ingedeeld.

Een magere man met een lange baard kwam naar buiten toen de Shell-directeur met zijn ring tegen het raam tikte. Hij zei dat hij Evert heette en dat hij groepsoudste was. 'Groepsoudsten zijn genezen patiënten die op het punt staan om terug te keren in de maatschappij,' lichtte Evert toe.

Hij zei dat hij ons moest fouilleren voor we naar binnen konden. 'Als u drank mee naar binnen zou smokkelen is de ellende niet te overzien.' De Shelldirecteur en ik moesten onze armen in de lucht houden en onze benen lichtjes spreiden. Everts handen gleden over onze lichamen. Luna en haar moeder werden gefouilleerd door een vrouw uit de eenheid. Ze heette Mia en had een verweerd gezicht.

In de huiskamer zaten vijf andere patiënten van de eenheid. 'Dit is Luna,' zei Evert tegen hen. 'Hallo Luna,' zeiden de patiënten. Het waren, inclusief Mia, drie mannen en twee vrouwen, allen van middelbare leeftijd. In een leunstoel zat een dikke Hagenees. 'Dit is de vierde keer dat ik hier zit,' zei hij tegen mij. 'Het is roken, koffiedrinken en pillen slikken.'

Evert liep naar boven om Luna's kamer te laten zien. Het was een kleine vierkante kamer op de zolderverdieping. Er stonden een kast in en een bed. 'Douche en toilet zijn gemeenschappelijk,' zei Evert. Hij deed het dakraam open en wees op andere huizenblokken, waar automutilaten, anorexiapatiënten, psychoten of manisch depressieven woonden. In de huizen met kinderspeelgoed in de voortuin woonden complete gezinnen. Vaders, moeders en vaak ook de kinderen werden daar voor uiteenlopende stoornissen behandeld.

De aanblik van de huizenblokken werd mij te veel. Het was een onverdraaglijke gedachte dat ik Luna hier moest achterlaten. 'Dit is het afvoerputje van de maatschappij,' zei ik. 'Houd je toch in,' zei de Shell-directeur.

Luna trilde en vroeg om medicijnen. Die ochtend had ze een laatste fles wijn gedronken. 'De arts kan elk moment komen,' zei Evert. We namen afscheid in de huiskamer. Luna huilde toen ik haar omhelsde, zelf huilde ik ook. 'Maak je niet druk, wijffie,' zei de dikke Hagenees.

Met de Shell-directeur en zijn vrouw liep ik terug naar de parkeerplaats. 'Ik denk dat dit voor iedereen het beste is,' zei de Shell-directeur. Hij reed de Audi naar station Den Haag Centraal. Toen ik uitstapte gaf Luna's moeder mij het *Borderline Hulpboek*. 'Het is belangrijk dat je dit goed leest,' zei ze.

In de trein las ik het *Borderline Hulpboek*. Er stond in dat borderliners baat hadden bij orde en regelmaat. 'Eet en rust op vaste tijden en ga op vaste tijden naar bed,' las ik. 'Ga niet te laat naar bed en sta niet te laat op.' Er stond ook in dat borderliners een agenda moesten aanschaffen. 'Neem regelmatig je agenda door om te kijken of je planning klopt en of er zaken moeten worden gewijzigd.'

De borderliner moest bij een leeg gevoel vooral

geen drank of drugs gaan gebruiken maar een 'crisispreventieplan' opstellen om impulsief gedrag tegen te
gaan. Ook was het goed om een brief te schrijven aan
het impulsieve gedrag. 'Beste zelfbeschadiging,' stond
er in een voorbeeldbrief. 'Waarom laat je me niet met
rust? Ik zal blij zijn als je eindelijk bent opgehoepeld.'

Als de borderliner ondanks het crisispreventieplan
of de brief aan het impulsieve gedrag toch zelfmoord
wilde plegen kon hij beter naar 'een professionele
hulpverlener' gaan.

Ik liep door het grachtenpand en raapte lege flessen
op. Aan mijn bureau deed ik een paar Griekse lesjes. Ik
probeerde een brief te schrijven aan de oude journalist
in Saint-Rémy-de-Provence, maar dat lukte niet.

Ik ging naar de Nieuwmarkt en at in een snackbar.
Toen ik over de Zeedijk terugliep naar het grachtenpand racete de heroïneverslaafde eindredacteur voorbij op zijn rammelende fiets. Hij remde voor een Chinees restaurant en sprak een dealer aan.

Op de bank op mijn verdieping las ik een autobiografisch boek van J.M. Coetzee. Hij schreef dat hij
naar Londen ging om verlost te worden van zijn vroegere ik. In Londen ervoer hij 'hartstochtelijke liefde en
de herscheppende kracht ervan'. Maar hij ontdekte dat
amoureuze relaties zijn tijd verslonden, hem uitputten
en zijn werk schaadden. 'Hoe kun je, of je nu gek bent

of er ellendig aan toe, schrijven als de vermoeidheid als een gehandschoende hand je hersenen omknelt en erin knijpt?'

Opeens vroeg ik me af waar ik mee bezig was. Hoe ik in deze situatie terecht was gekomen. Ik had het opgezocht, misschien zonder het te weten. Het leek of ik na het lieftallige meisje, de getrouwde vrouw, de dochter van de filosoof en de gravin werd gestraft voor mijn excessieve hang naar avontuur. Dit is je verdiende loon, dacht ik.

Ik had altijd gedacht dat haar ware ik, de lieve Luna waar ik zo verliefd op was, haar kern was geweest, en dat ze tijdelijk haar toevlucht nam tot de akelige vreemdeling die ze ook kon zijn. Maar misschien had ze er geen enkele grip op. Misschien had ze geen enkel idee wie ze werkelijk was en zweefde ze als een verloren astronaut door de kosmos.

Het beste kon ik zo snel mogelijk mijn spullen pakken en terugverhuizen naar mijn portiekwoning in Slotervaart. Maar Luna zou beter worden, dat stond vast. Ze zei zelf dat ze het wilde, dokter Boudewijns had het ook gezegd. Door mij zou ze beter worden, ik was de stabiele factor. Als ze maar een baan zou hebben.

Ik stelde me voor hoe alles in het huis goed geregeld zou zijn. Dat Luna boos op mij werd omdat de gang niet was gestofzuigd. Dat ze de hele middag kookte omdat haar zus en collega A. bij ons kwamen eten.

Ik liep het houten trappetje af naar het souterrain. Het was er vochtig. Ik vroeg me af of Baltussen hier vroeger zijn scheepsladingen had opgeslagen. Vanuit het souterrain kon het eenvoudig de kade op worden getild. Ik ging in het tweepersoonsbed liggen. De lakens voelden klam, ik deed het lampje uit.

Het was vreemd om alleen in het grachtenpand te slapen. Af en toe werd ik wakker van de buitenlamp die aansloeg als er iemand passeerde, of van een geluid dat van boven leek te komen. Ik viel in slaap en droomde dat Luna in het zijden nachthemd met brandgaten op me af rende.

De volgende dag nam ik de trein naar station Lelylaan. Vanaf het perron kon ik de portiekflat met mijn appartement zien, dat ik verhuurde aan een fotograaf. Op station Lelylaan was een roversbende actief. De bende bestond uit voornamelijk Marokkaanse straatjongens uit Slotervaart. Ze zaten in een glazen hok op het einde van het perron. Ze rookten joints en spuugden op de grond.

De trein van Schiphol naar Amsterdam Centraal arriveerde, een paar jongens renden naar binnen. Vlak voor de deuren dichtgingen sprongen ze met een koffer en een paar tassen naar buiten. Ze renden de trap af en verdwenen op een scooter.

In de hal van het station kwam ik een gespierde Su-

rinamer tegen. Hij was de baas van een beveiligingsbedrijf dat werkte met kickboxers en freefighters. Zijn
bedrijf was ingehuurd om de roversbende te verdrij-
ven. De gespierde Surinamer zei dat hij binnenkort tot
actie zou overgaan.

Op de redactie vertelde ik de zieke hoofdredacteur
over het station. 'Dat lijkt me een uitstekend onderwerp,' zei de zieke hoofdredacteur. Ik ging op mijn
plek zitten tegenover collega A. en zijn flinterdunne
laptop. Ik wilde tegen hem zeggen dat het goed ging
met mij en zijn schoonzus. Dat ze eventjes in een kliniek zat maar dat het helemaal goed zou komen, dat
we ontzettend veel van elkaar hielden en dat daar niets
mis mee was.

Een week later mocht ik Luna opzoeken in de kliniek. Van de bushalte aan de lange rechte weg langs
de duinen liep ik met andere bezoekers het terrein op.
Sommigen liepen in de richting van het huis met de
automutilaten, anderen bogen af naar de drugspavil-
joenen. Ik klopte op de deur en Evert fouilleerde mij.

Luna zat niet in de huiskamer, waar de anderen wel
zaten, in een dichte nevel van shag, sigaren en sigaretten. 'Jouw vriendin onttrekt zich aan het groepsge-
beuren,' zei de dikke Hagenees. Evert zei dat Luna op
haar kamer was. Ik vroeg of ik met haar naar buiten
mocht. Evert zei dat Luna onder toezicht van de groep

moest blijven staan. 'Wie zegt mij dat jij buiten geen fles wodka hebt verstopt?'

Ik liep de trap op naar Luna's kamer. Ze lag op het bed en staarde naar het plafond. 'Ik wil weg hier,' zei ze. Ze was probleemloos afgekickt, de alcohol was uit haar lichaam. Zo nuchter had ik haar in tijden niet gezien. Ik kuste haar en ik greep haar stevig vast. Dit was de Luna die ik kende, de echte Luna. 'Ik weet dat ik nu mijzelf ben,' zei ze. 'Ik weet ook dat ik voor de rest van mijn leven zo wil blijven.'

Ik vertelde dat dokter Boudewijns tegen mij had gezegd dat ze een borderliner was. Luna dacht ook dat ze een borderliner was. Ze wist dat Marilyn Monroe en Lady Diana ook borderliners waren geweest. Ik vertelde over het *Borderline Hulpboek* dat ik van haar moeder had gekregen. Luna beloofde dat ze het *Borderline Hulpboek* zou lezen.

Een paar dagen later liep ze weg van de kliniek. Evert belde, hij zei dat ik haar terug moest sturen. Luna's ouders waren verontwaardigd. Geërgerd nam haar moeder haar mee naar professor Boudewijns. Die zei dat Luna refusal moest nemen. Als je refusal slikte werd je doodziek als je ook maar één druppel alcohol binnenkreeg.

Ik ging met Luna voor de refusaltabletten naar de huisarts. Het was dezelfde huisarts die tot twee keer toe een spiraaltje bij Luna had ingebracht. 'Ben je daar weer?' zei de huisarts toen Luna binnenkwam. Ze schreef een recept uit en we liepen naar de apotheek.

We namen de trein naar Amsterdam. Luna droeg haar hakken en haar zomerjurkje, mannen keken om en floten. Hand in hand liepen we naar het grachtenpand.

De volgende dag ging ik opnieuw naar station Lelylaan. Het beveiligingsbedrijf van de gespierde Surinamer had de roversbende verdreven. In witte truien met achterop de afbeelding van een adelaarskop patrouilleerden de kleerkasten over het perron.

Collega B. belde. Hij zei dat Pim Fortuyn was doodgeschoten, of ik ogenblikkelijk naar de redactie wilde komen. Op de redactie heerste een opgewonden stemming. We gingen rond de redactietafel zitten waarop ik met de oudere getrouwde vrouw en de dochter van de filosoof had geslapen. Een collega voorspelde dat er die avond een burgeroorlog uit zou breken. Er kwam geen burgeroorlog, het bleef behoorlijk kalm.

Vijf dagen na de moord op Fortuyn overleed de zieke hoofdredacteur. Eerder was besloten om het tijdschrift in de week van de verkiezingen, die ondanks de moord door zouden gaan, als krant te laten verschijnen, een publiciteitsstunt om het honderdvijfentwintigjarig bestaan van het tijdschrift kracht bij te zetten.

Er was geen tijd om over de dood van de hoofdredacteur na te denken, we moesten een krant maken. Op de avond van de verkiezingen werd ik naar Hotel des Indes in Den Haag gestuurd, waar de partij van de vermoorde Fortuyn de uitslag afwachtte.

In de loop van de avond werd duidelijk dat de partij 26 zetels zou behalen. In het hotel heerste een feeststemming onder de kandidaat-Kamerleden, die na de moord op hun voorman ernstig met elkaar in conflict waren gekomen. 'Ik ga lekker de Kamer in,' riep een van hen. 'Over mijn lijk dat jij de Kamer in gaat,' riep een ander.

In het artikel, dat ik in de garderobe tussen de bontmantels en de leren jassen schreef met een laptop op schoot, citeerde ik een partijlid dat vanwege vroegere werkzaamheden in de seksbranche in opspraak was geraakt. Het partijlid meende dat hij in aanmerking kwam voor een ministerspost.

Aan het einde van die week was de begrafenis van de hoofdredacteur. Met Luna liep ik in een stoet achter de kist aan. Verderop in de stoet liep Luna's zus met collega A., zorgvuldig bleven ze uit onze buurt. Toen we thuiskwamen van de begrafenis lag er een brief van de stichting uit Lelystad. In het voorjaar wilden ze de lichtbakken van de halfgesloopte wijk in het gemeentehuis exposeren.

8

We kochten een agenda in de stad. Luna zei dat ze ook wel een baan wilde. 'Wat voor baan dan?' vroeg ik. 'Lerares Grieks aan een gymnasium.' Ik belde uitzendbureaus en bekeek vacatures in de kranten. Na een maand vond ik een gymnasium in Rotterdam waar een docent Grieks werd gezocht.

Luna vroeg of ik een sollicitatiebrief wilde schrijven. Ik schreef dat Luna zeer gemotiveerd was, 'de juiste kandidaat voor deze uitdagende functie'. Ik vermeldde dat ze in Londen cum laude was afgestudeerd, dat ze zangeres in een succesvolle band was geweest en dat haar kunstwerken in Lelystad geëxposeerd zouden worden.

Luna las het *Borderline Hulpboek*. Ze ging op tijd slapen, stond vroeg op en schreef een crisispreventieplan. In haar crisispreventieplan stond dat ze in geval van een paniekaanval moest denken aan mooie dingen, zoals de lichtbakkenexpositie en de baan als lerares Grieks.

In haar agenda noteerde ze afspraken. Ze ging naar de sportschool en nodigde vrienden uit. De vriendin bij wie ze in Londen was afgekickt kwam op bezoek, samen met de ex-vriend en de dikke jongen die een documentaire had gemaakt voor Channel 4.

Op gehuurde fietsen gingen we naar Marken en Volendam. Onderweg zei de dikke jongen dat Alec Guinness nog steeds niet had gereageerd op het voorstel om *The Waste Land* in Afghanistan voor te lezen. Luna zei dat het niet uitmaakte omdat ze les zou gaan geven aan een gymnasium.

De dikke jongen kwam naast mij fietsen. 'Jullie gaan het redden samen,' zei hij. 'Met jou kan Luna het leven aan.' De ex-vriend zei dat hij manager Ian was tegengekomen en dat hij naar haar had geïnformeerd. 'Mijn hoofd staat op dit moment helemaal niet naar zingen,' zei Luna.

Van mijn interviews met vergeten dichters werd een boek gemaakt. In een zaaltje aan een gracht werd het boek gepresenteerd. Enkele vergeten dichters lazen voor uit hun vergeten werk, tussendoor zong Luna en speelde ze gitaar. Ze had een netpanty aan, en een truitje met lange mouwen om de zeven schroeiplekken op haar arm te verbergen.

Het was redelijk druk in het zaaltje. De gespierde Surinamer van het beveiligingsbedrijf dat station Lelylaan had schoongeveegd was ook gekomen. 'Normaal gesproken zou ik nooit naar zoiets zijn toe gegaan,' zei de gespierde Surinamer in de pauze. Luna's broer kwam ook. Op het toilet van het zaaltje rookte hij een cokesigaret.

Een paar dagen na de presentatie zei Luna dat ze met me wilde trouwen op een booreiland in de Noordzee. 'Mijn vader kan dat makkelijk regelen.' Ik omhelsde haar en voelde me gelukkig. We gingen naar Wassenaar om haar ouders op de hoogte te stellen. Na het eten, haar moeder had burek gemaakt, maakte Luna het nieuws bekend.

'Een booreiland in de Noordzee? Onmogelijk,' zei de Shell-directeur. 'Haal liever een fles champagne uit de kelder,' zei zijn vrouw. De Shell-directeur kwam terug met een fles champagne die bedorven bleek te zijn. 'Doe mij maar een glaasje limonade,' zei Luna, toen haar vader de kurk van een nieuwe fles trok.

De Shell-directeur proostte en nam een slok. Hij vroeg of wij de herkomst van de zegswijze 'alle gekheid op een stokje' kenden. Het had met de zotskolf te maken. De zotskolf was een stokje met een narrenkop die de nar in zijn hand hield.

Het gymnasium in Rotterdam nodigde Luna uit voor een sollicitatiegesprek. Met haar moeder gingen we naar een kledingboetiek in het centrum van Wassenaar. 'Mijn dochter doceert binnenkort Grieks aan een gymnasium in Rotterdam,' zei haar moeder tegen de verkoopster. 'We zoeken een passende outfit.'

De verkoopster hield een centimeter rond Luna's middel. Ze verdween naar achteren en keerde terug met een donkergrijs mantelpak, een zwarte panty en lage hakken. In een winkel voor lederwaren en reisartikelen kocht haar moeder een aktetas van Toscaans leer voor haar.

We reden naar een tuincentrum aan de rand van Wassenaar. 'Koop zo veel bloemen als je wilt,' zei haar moeder. Luna zocht viooltjes, narcissen, begonia's en fuchsia's uit. Ze moesten in twee grote bakken, die we op de vensterbank aan de buitenkant van het raam zouden bevestigen.

Luna wilde ook een egelantier, een stekelige rozenstruik die de ramen van het souterrain zou kunnen overwoekeren, om inbrekers af te schrikken. Ze zei dat de egelantier een symbool van de liefde is. Beatrijs, de jonge kosteres uit de gelijknamige Middelnederlandse Marialegende, zou haar geliefde onder een egelantier hebben ontmoet alvorens er met hem vandoor te gaan.

Haar moeder bracht ons naar huis. Met een schep haalde ik twee stoeptegels los en groef de egelantier in. We deden de bloemen met wat aarde in de bakken. Bij een gereedschapswinkel kocht ik ijzerdraad en vier stevige haken. Ik draaide de haken in de kozijnen, Luna zette de bakken op hun plaats. Ik spande het ijzerdraad om de bakken.

Op de dag van het sollicitatiegesprek nam ik met Luna de trein naar Rotterdam. Het gymnasium lag in een woonwijk met rijtjeshuizen. Langs groepjes rokende pubers liepen we naar de ingang. Het was een modern gebouw met gele muren en groene kozijnen. Een conciërge bracht Luna naar de kamer van de rector, ik wachtte in de aula naast een frisdrankautomaat.

Twee weken later hoorden we dat Luna was aangenomen. We juichten en dansten door de huiskamer. Na de zomervakantie kon ze beginnen. Ze had geen lesbevoegdheid, op kosten van het gymnasium zou ze in haar vrije tijd een cursus volgen. Aan de telefoon zei de Shell-directeur dat hij haar een mobiele telefoon en een ov-jaarkaart voor de eerste klasse cadeau zou doen.

Die avond nam ik Luna mee uit eten. In een visrestaurant bestelden we oesters en dorade. Ze vertelde dat ze het huis anders wilde inrichten. Als we waren getrouwd zouden we mijn verdiepingen terugkopen van de Shell-directeur. In het souterrain zou dan de keuken komen.

De volgende dag maakte Luna het huis schoon. Ze stofzuigde, dweilde en poetste. Ze lapte de ramen en nam stof af. Met een gieter liep ze naar buiten om de egelantier water te geven. Ze liet een schoonmaakbedrijf langskomen dat met een speciaal apparaat de vloerbedekking reinigde.

Iemand van de gemeente verwijderde met een hogedrukspuit graffiti van de gevel. Luna schrobde de zwart-witte tegels in de gang. Samen verfden we de balken donkerrood. De muur waar ik het afgetakelde vrouwenhoofd op had getekend verfden we mintgroen.

Ik nam ontslag bij het tijdschrift om voor andere tijdschriften te kunnen schrijven. In de vergaderruimte met de vergadertafel werd een afscheidsfeest georganiseerd. Collega A. schreef in een e-mail dat hij niet kon komen. Collega B. las een toespraak voor. Als afscheidscadeau kreeg ik een globe, die ik op weg naar huis in een snackbar liet staan.

Luna wilde het huis tot monument laten verklaren. Als dat lukte kon de gevel met rijkssubsidie worden opgeknapt. Een medewerker van bureau Monumentenzorg kwam langs.

We vertelden over de katholieke scheepstimmerman Jan Simonsz. Muijen, die het pand had laten bouwen, over zijn kleindochter, die het naliet aan de Maagdenhuisstichting, en over de gehandicapte joodse diamanthandelaar Marcus de Leeuw, die een neoklassieke gevel over de oorspronkelijke pilaster-gevel heen liet bouwen. De medewerker van bureau Monumentenzorg maakte aantekeningen en zei dat we bericht zouden krijgen.

Elke ochtend om halfacht stonden Luna en ik op. Ze slikte refusal en seroxat en af en toe oxazepam. Ze at een bord Brinta, dronk jus d'orange met citroensap en gaf de magere kat eten. In de huiskamer dronk ze koffie met veel suiker en las ze de krant of een boek. Uit de Nightingale-speakers klonk klassieke muziek. Aan het einde van de ochtend ging ze naar de sportschool, 's middags deed ze boodschappen.

Op een keer vroeg ze bezorgd of ik niet te veel dronk. Een andere keer dacht ze dat ik drugs had genomen, wantrouwig inspecteerde ze mijn pupillen. Ze wilde dat ik het nummer van Gali in mijn telefoon zou wissen.

Het gymnasium stuurde lesboeken op en een lijst met leerlingen die Grieks in hun pakket hadden gekozen. Luna leerde de namen uit haar hoofd en bereidde haar lessen voor. We gingen op bezoek bij de leraar Grieks die met pensioen ging. 'Ik geloof dat de school in jou een waardige opvolger heeft gevonden,' zei hij toen we vertrokken. Bij een Blokker kocht ik voor Luna een broodtrommel en een thermosfles.

Het was het laatste weekeinde van de zomervakantie. Op zaterdagavond werkte ik aan een verhaal over een man die tweeënhalf jaar dood in zijn huis in de Rotterdamse deelgemeente Hoogvliet had gelegen voordat hij werd gevonden.

Ik luisterde naar het bandje met daarop het gesprek dat ik had gevoerd met de bovenbuurman van de man die tweeënhalf jaar dood in zijn huis had gelegen. De bovenbuurman zei wel iets te hebben geroken. 'Maar het stonk daar altijd. Geur van vuilniszakken en van die multiculturele maaltijden. Er waren vliegen, maar dan denk je toch niet aan een lijk?'

Meestal kwam Luna rond elf uur naar beneden om naar bed te gaan, om twaalf uur was ze er nog niet. Ik zette het bandje uit en liep over de steile trap naar boven. Op Luna's verdieping was het donker. Mijn hand gleed over de muur en vond de schakelaar.

Luna zat in de luie stoel bij het raam. Haar ogen stonden half open. Ze droeg het nachthemd met de brandgaten. Haar armen hingen langs de stoel. Op de stoel zat bloed, op het pas gereinigde tapijt zat ook bloed.

Voor de stoel lagen een lege wodkafles en een keukenmes. Het bloeden was gestopt. Op haar polsen en haar handen zaten donkerrode korsten. Het leek niet echt, het leek alsof iemand rode verf had aangebracht.

Luna voelde koud aan. Ik tikte tegen haar wang. Ik

legde mijn oor onder haar neus en hoorde haar zachtjes ademen. Ik was zo blij dat ze leefde, ik wilde opstaan en schreeuwen. Maar ik moest haar beschermen, zoals je een vuurtje tegen harde wind beschermt.

Ik pakte een deken en ging bij haar op de stoel zitten. De hele nacht hield ik mijn oor bij haar neus om te horen of ze ademde. Dit is de vreemde geweest, zei ik tegen mijzelf. De echte Luna zou zoiets niet doen.

's Ochtends was ze de gewone Luna. 'Dit is verschrikkelijk,' zei ze. 'Maar het is ook een nieuw begin.' We spoelden het bloed van haar af. Ik wikkelde verband om haar polsen. Ze belde met haar ouders. 'Niet schrikken,' hoorde ik haar zeggen, 'ik heb vannacht mijn polsen doorgesneden.'

Een halfuur later stonden de Shell-directeur en zijn vrouw in de huiskamer. Luna's moeder zei dat ik meteen een ambulance had moeten bellen. Ik zei dat ik haar niet alleen had durven laten, dat ik haar adem wilde controleren.

Ze tilden haar in de Audi en reden naar het ziekenhuis. Ik deed mijn computer aan en weer uit. Ik vulde een emmer met sop en probeerde het bloed uit de stoel en uit de vloerbedekking te krijgen. Met de lege wodkafles liep ik naar de glasbak.

De Audi kwam terug. Luna had nieuw verband om haar polsen. 'Ze konden het niet meer hechten,' zei haar moeder. Als ze meteen met de ambulance naar het ziekenhuis was gegaan had het gehecht kunnen worden. Nu zou het net als de zeven schroeiplekken op haar arm voor altijd zichtbaar zijn.

We gingen in de huiskamer op de zwarte leren banken zitten. Dokter Boudewijns kwam langs, hij vond het onvoorstelbaar dat ze door de refusal heen had kunnen drinken. Met Luna voerde hij een indringend gesprek. 'Je denkt dat je er niet mag zijn. Maar je mag er zijn, heus waar.' 'Ik weet dat ik er mag zijn, ik voel dat nu duidelijker dan ooit,' zei Luna. Luna's moeder begon te huilen. 'Ga jij maar even koffiezetten,' zei de Shell-directeur.

Luna ging in bed liggen. De Shell-directeur vroeg of ze opgenomen moest worden. Dokter Boudewijns zei dat ze niet echt dood wilde. 'Dit is een schreeuw om aandacht.' Het zou ook kunnen dat ze door de reactie van de refusal op alcohol tot haar daad was aangezet. Het leek hem het beste als ze de volgende dag gewoon naar het gymnasium zou gaan.

Luna's broer kwam langs met zijn vriendin. 'Wij zitten in dezelfde situatie,' fluisterde de vriendin in de gang in mijn oor. 'Laten we er een keer over praten.' Luna kwam uit bed. 'Wil je nooit meer van die rare dingen doen?' zei haar broer. Luna's zus en collega A. kwamen langs. 'Wat gezellig dat jullie er ook zijn,' zei Luna. Iedereen was lief en aardig, het was net of er iets vrolijks werd gevierd.

Collega A. zei dat we hem altijd konden bellen als zich een noodsituatie voor mocht doen. Hij vroeg met wat voor verhaal ik bezig was. Ik vertelde over de man die tweeënhalf jaar dood in zijn huis had gelegen.

Luna's moeder bestelde pizza's. Ik zat op de zwarte leren bank naast collega A. 'Wil jij Hawaï of pepperoni?' vroeg collega A. toen de pizza's waren bezorgd. Na de pizza's vroeg Luna of iedereen naar huis wilde gaan. Ze wilde niet dat haar moeder op de bank bleef slapen. Ik liep mee naar de voordeur. 'Bel meteen als er iets niet in de haak is,' zei de Shell-directeur.

De volgende ochtend stonden we om zes uur op. Het verband om Luna's polsen mocht niet nat worden. Ze ging in de badkuip staan en hield haar armen in de lucht. Ik deed de douche aan en richtte de warme straal op haar lichaam. Ik zeepte haar in en spoelde haar af. Daarna pakte ik een handdoek om haar af te drogen.

De mouwen van haar trui maakte ik met veiligheidsspelden aan het verband vast, zodat het verband niet zichtbaar zou zijn als ze op het bord moest schrijven. In de keuken verwarmde ik een bord melk in de magnetron en deed er Brinta en wat suiker bij. Ik perste een citroen uit en smeerde boterhammen. De broodtrommel en de thermosfles met koffie deed ik in de aktetas van Toscaans leer, waar ook de lesboeken en de leerlingenlijst in zaten.

Ik maakte mijn fiets los, Luna ging achterop zitten. Het water in de gracht lag nog stil, over de stalen brug ging niet veel verkeer. De trein naar Rotterdam vertrok om twee minuten over zeven. Op het perron kuste ik Luna. Ze stapte in en ging in de eerste klasse op een brede stoel zitten. Ze zwaaide toen de trein vertrok.

Thuis werkte ik verder aan mijn verhaal over de man die tweeënhalf jaar dood in zijn huis had gelegen. Ik ontdekte dat hij in de jaren zestig had gevaren op een schip dat Gruno heette. De hele dag zocht ik naar de reder van de Gruno, wellicht werkte daar iemand die hem had gekend.

Tussen de middag belde Luna. Ze zei dat het goed ging. 'Natuurlijk gaat het goed,' zei ik, 'jij bent de beste juf die ze zich kunnen wensen.' De kinderen in de klas waren geduldig en beleefd. Het verband om haar polsen was niet zichtbaar geweest. Ze belde vanuit de docentenkamer. Aan een tafel met de andere docenten had ze de boterhammen uit haar broodtrommel opgegeten. Iedereen was erg geïnteresseerd in haar. Ze had over Londen verteld en over ons huis.

Om halfvijf wachtte ik voor de rechterzijingang van het centraal station. Honderden mensen kwamen naar buiten. In de verte zag ik Luna, de mensenstroom voerde haar mijn richting uit. Ze viel niet op in haar grijze mantelpak en met haar aktetas van Toscaans leer. 'Wat is het heerlijk om gewoon te zijn,' zei ze toen we terugfietsten.

Vanaf die dag stond ik elke ochtend om zes uur met haar op en waste ik Luna in de badkuip. Het was prettig om in alle vroegte naar het station te fietsen en daarna aan het werk te gaan. Als Luna tussen de middag had gebeld sliep ik een uurtje. Daarna werkte ik door tot ik haar van het station moest halen.

Op haar vrije dag bezocht Luna dokter Boudewijns. Hij adviseerde haar te stoppen met refusal, hij vermoedde dat de zelfmoordpoging met refusal te maken had. Het gaf niet als Luna na het werk een of twee glaasjes dronk. Als ze de neiging had om meer te drinken moest ze het crisispreventieplan erbij pakken.

Als ik haar 's middags had opgehaald van het station brachten we eerst de aktetas naar huis. Dan dronken we in het café om de hoek een witbier met jenever. De barman aan wie ze had verteld dat Joseph Conrad in ons huis was geweest herkende haar niet in haar grijze mantelpak. Na het witbier met jenever wilde Luna flipperen. We liepen naar een café met een flipperkast en flipperden tot het tijd was om te gaan eten.

Na een maand kreeg Luna haar salaris gestort op haar Rabobank-rekening. Het was de eerste keer in haar leven dat ze geld verdiende, afgezien van een vakantiebaantje in haar middelbareschooltijd. We deden het salarisstrookje in een wissellijst en hingen het aan de muur. Ze belde de Shell-directeur en zei dat hij niet langer een maandelijkse bijdrage aan haar over hoefde te maken.

Voor het verhaal over de man die tweeënhalf jaar dood lag ging ik naar Rotterdam. Ik bekeek de portiekflat waar zijn stoffelijk overschot werd gevonden en sprak met een oudere vrouw uit de buurt op wier aandringen de deur uiteindelijk werd opengebroken. Ze was naar binnen geglipt en had foto's genomen van de sterk vervuilde woning.

Op haar bank tussen twee keffende honden bekeek ik de foto's. 'Ze zijn slordig te werk gegaan,' zei ze. 'Op de plek waar hij gelegen heeft zie je stukken haar en botjes liggen.' Eerder had de vrouw evangelisatiewerk verricht op een Rotterdamse tippelzone. Ze zei dat ze regelmatig de geest van de man die tweeënhalf jaar dood lag in haar nabijheid voelde.

Ik nam de metro naar Luna's gymnasium. De conciërge vertelde in welk lokaal ze lesgaf. Ik ging een trap op en liep door een gang. Ik keek door de ramen van het lokaal. Daar stond Luna, ze schreef een Griekse letter op het bord. Het jasje van haar mantelpak hing over de stoel achter haar bureau. De trui met lange mouwen die ik die ochtend had vastgespeld, zat nog goed over het verband heen. Een leerling stak zijn hand op en stelde een vraag.

Ik liep naar buiten en wachtte op het station waar Luna op de trein naar Amsterdam zou stappen. Vanaf een bankje op het perron kon ik de straat zien waar het gymnasium aan lag. Na een tijdje zag ik Luna in de verte de hoek om komen. Ze liep gehaast, ze klemde de aktetas met twee handen tegen zich aan. Voor het station bleef ze staan en keek ze om zich heen. Een man in een trainingspak kwam op haar af en zei iets tegen haar. Luna lachte en gaf hem een klopje op zijn schouder. Het leek of ze hem ook een hand gaf.

Even later stond ze op het perron. Ze zag niet dat ik op het bankje zat. Met haar rug stond ze naar me toe. 'Luna,' zei ik. Ze schrok, haar lichaam sidderde. Ze draaide zich om en keek mij angstig aan.

Voor een proefwerk bedachten we samen vragen over de *Odyssee*. 'Waarom moesten de manschappen van Odysseus was in hun oren smeren en waarom liet hij zich vastbinden aan de mast?' En: 'Hoe stelde Odysseus zichzelf voor aan de cycloop Polyphemus?' 's Avonds keek Luna de toetsen na op haar verdieping. Ze kwam naar beneden om te vragen hoe je ook alweer een krul zette. Eén leerling had alle vragen goed, voor hem maakte ze een krul met een hoedje.

Het was een warme herfst. Na het witbier met jenever liepen we langs de oevers van 't IJ. We zochten de plek op waar het snelzeilend Engelsche Barkschip

Highland Forest, waarmee Joseph Conrad naar Soerabaja zou varen, aan de kade had gelegen. Langs de kade stonden pakhuizen die tot appartementen werden verbouwd. Voor ons huis kwamen we de dichter tegen die ook redacteur was. Trots vertelde ik over Luna's baan.

De wonden aan de binnenkant van haar polsen groeiden dicht. De laatste korstjes gingen eraf, twee dikke witte strepen bleven over. Ze kon zelfstandig douchen maar ze wilde dat ik haar bleef afsproeien.

De vriendin van Luna's broer belde. We spraken af in een café in de stad. Ze vertelde dat Luna's broer zijn medicijnen niet meer nam. Het zou niet lang meer duren of hij zou opnieuw psychotisch worden. De cokedealer kwam elke avond langs. Ze snoof mee omdat het een gewoonte was geworden. Terwijl ze stage liep bij een advocatenkantoor en 's ochtends vroeg op moest.

Ik vertelde dat het bij ons heel anders was. Luna had haar baan, ze dronk nauwelijks en gebruikte geen drugs. We zouden gaan trouwen op een booreiland. 'We wandelen veel en ze gaat naar de sportschool,' zei ik. De vriendin van Luna's broer hoopte dat het bij hen ook zo zou worden. 'Maar eigenlijk heb ik de hoop al opgegeven,' zei ze.

Thuis belde ik met de Shell-directeur. Ik vroeg of

het ging lukken met het booreiland. 'Dacht je echt dat ik dat uit zou gaan zoeken?' zei de Shell-directeur. Luna's moeder nam de telefoon van hem over. 'Laat dat booreiland rusten,' zei ze. Volgens haar besefte ik niet hoe ernstig haar dochter eraan toe was. Ik zei dat het goed met Luna ging. Het verband was eraf en ze gaf nog steeds les.

Die middag keek ik aandachtig naar Luna terwijl ze flipperde. Ze zag er lief en eerlijk uit, hooguit een beetje dun. In witbier en jenever had ze geen zin. Dat leek mij een goed teken.

9

Op een ochtend in november bleef Luna in bed liggen. Ik belde het gymnasium om te zeggen dat ze ziek was. Luna wilde niet ontbijten, ze ging naar haar verdieping en bleef daar de hele dag. Toen ik haar wilde knuffelen duwde ze me weg.

De volgende ochtend was alles weer gewoon. We stonden op en ik sproeide haar af in de badkuip. Ze at Brinta en dronk jus d'orange met citroensap.

Op de fiets bracht ik haar naar het station. Ze zei dat ik haar niet hoefde op te komen halen. De volgende dag hoefde ik haar weer niet op te halen. Maar toen ik om kwart voor vijf in de buurt van het station was, besloot ik te wachten bij de rechterzijingang.

In het stationsgebouw, niet ver van de ingang, zag ik Luna staan. Ze stond op een onhandige plek, reizigers botsten tegen haar aan. Luna zei iets tegen een man in een trainingspak die naast haar stond. Hij leek op de man in trainingspak tegen wie ze op het Rotterdamse station iets zei. Dit keer wachtte ik niet, ik stapte op en fietste weg.

Voortaan liep ze elke middag in haar eentje van het station naar huis. Als ik achter mijn bureau zat kon ik haar zien aankomen. Op de stalen brug over de Oude Schans liep ze langs het drukke verkeer. De voordeur ging open, in de smalle gang klonken haar zachte stappen.

Ze liep de trap op, ik zag haar door het gewelfde glas. Ze riep dat ze thuis was en dat alles goed was gegaan. Ze wilde niet naar het café. Ze had geen zin in drank en geen zin in flipperen. Ik begon over het crisispreventieplan. Ze zei dat ze dat aan stukken had gescheurd en ging naar boven.

De volgende ochtend bracht ik haar naar het station. Toen ik terugkwam zaten er twee junks beneden aan het trappetje. Ze leunden tegen de voordeur, de automatische lamp was aangesprongen. Ik joeg de junks weg en ging naar binnen.

Ik werkte aan het verhaal over de man die tweeënhalf jaar dood in zijn huis lag. Iemand vertelde dat zijn zus in Goes in een warenhuis werkte. Toen ik in de keuken koffiezette hoorde ik de magere kat miauwen. De deur naar Luna's verdieping was dicht. Ik deed de deur open, de magere kat sprong tevoorschijn.

Het was rommelig op Luna's verdieping. In het tapijt bij de stoel waren de bloedvlekken zichtbaar, delen van de ingestorte kast lagen tegen de muur. Ik deed twee lampen uit die de hele nacht aan hadden gestaan en nam kopjes en borden mee waar sigaretten op waren uitgedrukt.

Luna kwam laat thuis die middag. In de stad had ze een hangmat gekocht. Er zaten twee haken bij die in de muur moesten worden gedraaid. We liepen naar haar verdieping, ik draaide de haken in twee zware balken. De balken waren driehonderdvijftig jaar oud, scheepstimmerman Jan Simonsz. Muijen had ze vermoedelijk zelf uitgezocht.

Ik hing de hangmat aan de haken en Luna klom erin. De volgende dag klom ze er na het werk meteen weer in. Ze gaf geen antwoord toen ik vroeg waarom ze me ontliep. Rond etenstijd kwam ze naar beneden om koffie te zetten. Ze deed vijf scheppen suiker in haar kopje, twee meer dan gewoonlijk.

Toen ik een uur later naar boven liep hoorde ik gestommel en het geluid van een raam dat werd opengezet. Luna had een zonnebril op. Ze nam haastige trekjes van een sigaret. Ik rook de geur die ik kende van het toilet van het tijdschrift waar ik grove gele speedkorrels had fijngestampt. Het was de geur van honden die in de sloot hebben gezwommen.

Ik vroeg hoe lang ze het al deed. 'Drie weken, maar niet elke dag,' zei ze. Ik kon niet begrijpen dat ze dit zonder mij was gaan doen, het maakte me woedend.

'Ik ben godverdomme je vader niet,' schreeuwde ik.

Ik vroeg waar het lag. Het lag onder de stoel waar ze in zat toen ze haar polsen doorsneed. Ik pakte het en ging in de stoel zitten. Het was een stuk aluminiumfolie waar opgedroogde bruinzwarte druppels op zaten, een aansteker en een buisje van aluminiumfolie. 'Hoe haal je het in je hoofd om mij hier niet bij te betrekken?'

Ik deed het buisje in mijn mond en hield de vlam van de aansteker onder een druppel op het folie. 'Ik wil dit niet op mijn geweten hebben,' schreeuwde Luna, terwijl ze het folie probeerde af te pakken. 'Je hebt het al op je geweten,' zei ik.

De druppel werd vloeibaar en begon te borrelen. Er kwam rook van af die ik opzoog door het buisje. De druppel gleed over het folie en liet een karamelkleurig spoor achter. Ik volgde de druppel met het buisje en bleef de rook opzuigen.

Luna nam het folie van mij over en verhitte een andere druppel. Ze zei dat ze een man in de trein had gezien. 'Hij zag aan mij dat ik het aan hem zag.' Op het station in Rotterdam bood hij haar zijn folie aan. Het was kwart voor negen 's ochtends, ze was in haar grijze mantelpak en de tas van Toscaans leer op weg naar school. 'Je kunt heel goed lesgeven op heroïne,' zei Luna.

Ik voelde me volmaakt kalm. In de spiegel zag ik dat

mijn pupillen klein waren als speldenknoppen. Ik had niet het gevoel dat ik altijd bedroefd was geweest, ik had geen enkel gevoel. Het leek of ik door een omgekeerde verrekijker keek.

Het maakte mij niet uit dat Luna heroïne rookte. 'Het is nu eindelijk rustig in mijn hoofd,' hoorde ik haar zeggen. 'Ik ga naar mijn werk en ik drink niet. Ik kijk het huiswerk na en ik werk aan een lichtbak.' Ze had twee nieuwe liedjes gecomponeerd die ze aan Ian wilde opsturen.

Ik bladerde door een schetsboek met potloodtekeningen die ze op heroïne had gemaakt. Het waren afbeeldingen van fantasiewezens die rondzweefden door angstaanjagende schemerwerelden.

Ik vertelde van de junks voor de deur die ik had weggejaagd. 'Het is zelfmedicatie,' zei Luna. 'Voor als je niet in deze wereld past. Het zijn kinderen die getroost moeten worden.' Ik knikte. 'Ik denk dat ik het begrijp,' zei ik.

Ze pakte het folie en verhitte nog een druppel. We gingen in de huiskamer zitten, Luna zette muziek op. Ik keek naar de Nightingale-speakers waar de muziek uit tevoorschijn leek te komen als water uit een kraan.

Ik droomde die nacht dat ik sliep. Ik droomde dat de wekker ging en dat ik opstond en Luna afsproeide. Toen de wekker werkelijk ging moest Luna mij wakker maken. Ik trok kleren aan die ik heel lang niet aan had gehad. Luna zei dat de kleren mij goed stonden. We hadden geen honger en ontbeten niet.

In de spiegel zag ik dat mijn pupillen nog steeds speldenknoppen waren. Ik bracht haar weg op de fiets. Het regende. Het maakte mij niet uit dat ik nat werd, niks maakte nog uit. Ik voelde geen liefde voor Luna, ik voelde nergens liefde voor.

Langzaam werden mijn pupillen groter. Toen ik Luna ophaalde van het station zag ik dat haar pupillen ook groter waren. De honger kwam terug, Luna klaagde over spierpijn. We deden boodschappen en kookten.

De volgende dag belde de man van Monumentenzorg. Vanwege de neoklassieke gevel die de gehandicapte joodse diamanthandelaar Marcus de Leeuw in 1890 over de pilastergevel had laten aanbrengen, was besloten dat ons huis geen rijksmonument kon worden.

Als ik Luna 's middags ophaalde van het station keek ik eerst naar haar pupillen. Op een dag zei ze dat ze de man in het trainingspak was tegengekomen maar dat ze niets had gekocht. Ze ging naar haar verdieping en ik probeerde te werken.

Na een uur liep ik naar boven. Ze lag met de zonnebril op in haar hangmat. Ik wilde de zonnebril van haar hoofd trekken om haar pupillen te kunnen zien.

'Je vertrouwt me niet,' zei ze. 'Het is heel erg dat je mij niet vertrouwt.'

De volgende dag doorzocht ik haar kamer. Overal lagen opgebrande peuken met kromgetrokken askegels. Ik vond een zelfgemaakte crackpijp. Over een leeg blikje kerriepoeder, dat ze uit de keuken had gepakt, was folie gespannen en er stak een pijpje uit. 'Silvo, een snuifje inspiratie', stond er op het blikje.

Een week later zei Luna dat ze de man in het trainingspak niet meer had gezien. 'Het geeft niet want hij verkoopt rotzooi.' Voortaan wilde ze alleen in het weekend heroïne roken. Doordeweeks had ze haar klas en andere verplichtingen, in het weekend wilde ze ontspannen.

Ik zei dat ik het niet wilde. 'Het is op dit moment de enige oplossing,' zei Luna. 'Ik houd er weer mee op, geloof me.'

Vrijdagmiddag liepen we van het station naar de Zeedijk. Op de hoek met de Stormsteeg was de plek waar je heroïne, crack en cocaïne kon kopen. Ik had de eindredacteur daar naartoe zien fietsen. Op de hoek met de Stormsteeg was niemand te bekennen. 'In de ochtend moet je hier zijn,' zei een zwerver zonder tanden.

Ik stelde voor naar het café te gaan waar ik Gali had ontmoet. We liepen in de richting van de Dam. In de

Damstraat kwam een Surinamer op ons af. Hij zei dat hij heroïne verkocht. In een steegje gaf Luna hem geld, de Surinamer ging er snel vandoor. Het was bakpoeder, woedend gooide Luna het op de grond.

Gali was niet in het café. Luna bestelde bier met jenever, daarna nog een en daarna nog een. We liepen terug over de Dam. We raakten in gesprek met een levend standbeeld. Het levend standbeeld was verkleed als ridder. Hij droeg een maliënkolder en hield een zwaard vast.

Hij stapte van de kist waar hij op stond en vertelde dat hij werd gediscrimineerd door andere levende standbeelden. 'Ze vormen een kartel,' zei het levende standbeeld. 'Als nieuweling kom je er niet tussen.'

Luna pakte het zwaard en ging op de zeepkist staan. Ze hield haar gezicht strak en keek in de verte. Voorbijgangers hielden halt en gooiden munten in de omgekeerde pet. 'Je hebt talent,' zei het levende standbeeld.

In een smartshop kochten we paddo's. Thuis kookten we ze en schonken het vocht in twee mokken. Door de ramen kwamen de laatste zonnestralen van de dag binnen. We gingen op Luna's verdieping op de vloer zitten. Luna pakte het schetsblok en begon te tekenen.

Na een uur kwam Luna's verdieping tot leven. Eerst begonnen er bomen te groeien. De bomen verdorden en de verdieping veranderde in een zinderende woestijn. 'Ik heb geen zin in de woestijn,' zei ik. 'Laat het gewoon komen,' zei Luna. Ik zag haar vastberaden door de woestijn lopen. Ze begon over *The Waste Land* en de grot van Bin Laden.

De woestijn veranderde in het universum. Door de ruimte zweefde Luna bij mij vandaan. Ik klemde mij vast aan een stoelpoot. 'Hier is iets waar je op kan staan,' riep ik. Luna lachte en zwaaide, steeds verder zweefde ze weg.

Over de vloer kroop ik door de kamer. Ik kwam langs de stoel en de bloedvlek in het tapijt. De bloedvlek werd een afgrond waar Luna in verdween. Boven de bloedvlek riep ik haar naam. Huilend kroop ik naar de trap, ik dacht dat mijn hoofd niet meer aan mijn lichaam vastzat. Onderweg kwam ik de magere kat tegen. Hij leek oud en ongelukkig.

De volgende ochtend verliet Luna in alle vroegte het huis. Ze fietste naar de Stormsteeg en kocht heroïne. Ze rookte het op haar verdieping en ging in de hangmat liggen. Het hele weekend rookte ze en hing ze in de hangmat. Maandagochtend trok ze haar mantelpak aan en bracht ik haar naar het station.

Ze gaf de hele week les. 's Avonds keek ze huiswerk na en bereidde ze haar lessen voor. Op een van de avonden kwamen haar ouders op bezoek. Ze hadden bloemen meegenomen. Luna sneed de stelen schuin af en deed ze in een vaas. Ze zette koffie en vroeg of iemand een stroopwafel wilde.

Elke zaterdagochtend fietste ze naar de Stormsteeg. Meestal had ze mijn grijze pantalon aan en mijn zwarte winterjas. In het bed in het souterrain wachtte ik tot ze terugkwam. Ik kende de geluiden van haar fiets: het rammelen van de ketting, het piepen van de remmen.

Na een tijdje fietste ze ook doordeweeks naar de Stormsteeg. Ze rookte voor we naar het station gingen. Soms bleef ze te lang op haar verdieping. Ik fietste hard naar het station maar ze miste de trein. Ze werd boos, op het perron stond ze te schreeuwen. 'Je houdt niet meer van me,' zei ik. 'Dat heb je goed geraden,' zei ze.

Ik hoefde haar niet meer te brengen. Voortaan fietste ze zelf via de Stormsteeg naar het station. In haar mantelpak en met de aktetas van Toscaans leer aan haar stuur kocht ze heroïne. Soms was de dealer laat en miste ze de trein.

Op een keer kwam ze van de Stormsteeg naar huis terug. Ze vroeg of ik het gymnasium wilde bellen. Ik zei dat ze dat zelf moest doen. Ze ging naar boven maar belde niet. Ik zat achter mijn bureau en de telefoon ging. Het was de conciërge. 'Er wacht hier een klas vol leerlingen,' zei hij.

Ze kocht er crack bij dat ze rookte met het pijpje dat ze had gemaakt van het kruidenpotje. Ze kwam naar mijn verdieping en begon tegen mij te schreeuwen. Ze had de blik van de vreemde, die ik in het huis van de oude journalist in Zuid-Frankrijk voor het eerst bij haar had gezien. Ze zei dat het over was en dat ik weg moest uit het huis. Ze smeet de deur met het gewelfde glas dicht.

Ik kreeg dokter Boudewijns niet aan de telefoon. Toen ik bovenkwam lag ze bewusteloos in de hangmat. Haar arm met de zeven schroeiplekken hing over de rand. Ik hield mijn oor bij haar mond om te horen of ze ademde. Ze schrok wakker en raakte in paniek. Ik suste haar en schommelde de hangmat op en neer.

Van de crack kreeg ze pukkels. In de hangmat keek ze met een spiegel naar de pukkels. Ze begon te krabben aan de pukkels en probeerde ze uit te knijpen. De pukkels raakten ontstoken. Luna sliep niet meer in het bed in het souterrain. 's Ochtends vroeg kwam ze naar beneden. Ze zei niets tegen me. Ze pakte haar fiets en reed naar de Stormsteeg.

Dokter Boudewijns belde terug. Ik zei dat er een terugval was. Hij begon over het crisispreventieplan. 'Dat heeft ze in stukken gescheurd.' Ik zei dat ze niet meer naar het gymnasium ging. Hij zei dat Luna bij hem langs moest komen. Ik zei dat ik het door zou geven.

Luna was uit de hangmat geklommen. In een onderbroek en een hemd zat ze op de vloer. Ze zocht iets in het tapijt. Ze schreeuwde tegen me. Ze dacht dat ik verliefd was op de gravin en dat ik de dochter van de filosoof en de oudere getrouwde vrouw nog steeds zag. Ze zou de politie bellen als ik het huis niet verliet. Ik zei dat ze langs moest gaan bij dokter Boudewijns.

Ze rookte heroïne om rustig te worden. Het leek of ze zichzelf werd. 'Laat me niet alleen,' zei ze. Huilend stond ze voor het raam. Er lagen stukken piepschuim op straat, ze dacht dat het crack was. In onderbroek en hemd wilde ze naar buiten, ik hield haar tegen. Ze was magerder dan op de bruiloft.

's Avonds kwamen de Shell-directeur en zijn vrouw. Luna was kalm, met z'n vieren gingen we in de huiskamer zitten. 'Hoe kon dit gebeuren?' zei de Shell-directeur. 'Laatst zaten we hier nog met koffie en stroopwafels.' Luna zei dat ze niet verslaafd was, ze zou zo weer kunnen stoppen. Haar moeder zei dat ze dan beter meteen kon stoppen.

We spraken af dat Luna na een week weer naar het gymnasium zou gaan, de Shell-directeur zou de volgende ochtend met de rector overleggen. Luna's moeder bleef slapen. Ze pakte een deken uit een kast en ging op de zwarte leren bank liggen.

Ik bracht Luna naar haar verdieping. Ze rookte de heroïne op die ze nog had en ging in de hangmat liggen. Ik liep naar beneden over de steile trap achter de verdiepingen langs. Luna's moeder riep mij toen ik langs de huiskamer kwam. 'We mogen nu geen fouten meer maken,' zei ze. Ik ging naar het souterrain en stapte in bed.

De volgende ochtend werd ik wakker van geschreeuw. In de huiskamer stonden Luna en haar moeder tegenover elkaar. Luna's moeder had alleen haar onderjurk aan. Voor het eerst zag ik haar zonder knot, het witte haar hing los over haar schouders. Ze leek jong en oud tegelijk.

'Als ik naar buiten wil dan gá ik naar buiten,' schreeuwde Luna. 'Kind, ik laat je niet naar buiten gaan,' zei Luna's moeder, 'het is voor je eigen bestwil.' Luna rende naar de deur, haar moeder greep haar vast. Haar machtige, melkwitte armen omklemden Luna's frêle lijf. Luna schopte de vaas met bloemen om die haar ouders bij het vorige bezoek hadden meegenomen. Ze riep dat ze meerderjarig was, dat haar moeder het recht niet had om haar vast te houden in haar eigen huis.

Ik deed de bloemen weer in de vaas. 'Barricadeer liever de deur,' hijgde Luna's moeder. Toen ik voor de deur was gaan staan liet ze haar dochter los. Luna vloog naar het raam, schoof het omhoog en probeerde op de vensterbank te klimmen. Haar moeder greep haar benen vast.

Luna rukte aan de plantenbakken die we met z'n

drieën bij het tuincentrum in Wassenaar hadden gekocht en die ik met ijzerdraad op de vensterbank had bevestigd. De plantenbakken schoten los en vielen zes meter naar beneden. Ik hoorde twee doffe klappen en daarna een hoop geschreeuw. Met haar moeder trok ik Luna aan haar benen naar binnen.

De bel ging. Terwijl haar moeder Luna op de zwarte leren bank in bedwang hield liep ik naar beneden. Voor de deur stond een boze man met een hond. 'Bijna had ik een plantenbak op mijn kop gekregen,' zei hij. 'Wat is er hierzo aan de hand?'

Luna leek gekalmeerd, ze bibberde en zweette. Ze zei dat ze wilde afkicken. Maar zonder therapie ging het niet. Luna's moeder had geen vertrouwen meer in dokter Boudewijns, ze noemde hem een charlatan.

Ze belde met de crisisdienst van de Riagg. 'Ik zit hier met mijn verslaafde dochter die kampt met borderlineproblematiek.' De crisisdienst zei dat therapie voor verslaafde borderliners alleen mogelijk was als ze deelnamen aan het methadonprogramma. De volgende dag kon Luna langskomen voor een intakegesprek, in de tussentijd mocht ze blijven gebruiken.

Luna's moeder deed haar witte haar in een knot en kleedde zich aan. Met z'n drieën liepen we naar de Nieuwmarkt. Bij een geldautomaat op de Nieuwmarkt nam Luna's moeder vijftig euro op. Met de vijftig euro liep Luna de Zeedijk op, haar moeder en ik gingen een café binnen.

We namen een tafel aan het raam en bestelden koffie. 'Ik hoop dat ze geen crack koopt,' zei ik. Luna's moeder wist niet wat crack was. Ik zei dat Luna er agressief van werd en dat ze er pukkels van kreeg. 'Pukkels doen er op dit moment niet zoveel toe,' zei Luna's moeder.

Luna kwam het café binnen en haastte zich naar het toilet. Tien minuten later zat ze met kleine pupillen bij ons aan het tafeltje. Ze bestelde een koffie verkeerd en deed er vijf scheppen suiker in.

Op vrijdag fietste ik met Luna achterop naar de methadonpost. Het waaide en er viel natte sneeuw. Voor het pand stond een groep vrouwen te wachten. Ze waren mager en hadden gegroefde gezichten. Sommigen liepen in korte rokjes met blote benen. Luna stak een sigaret op en ging tussen de vrouwen staan. Ze leek op de vrouwen, het was verschrikkelijk om te zien.

Krijsend en met veel gebaren voerden de vrouwen gesprekken. Een vrouw in een gescheurde panty werd bij haar keel gegrepen en tegen de muur geduwd. De deur ging open, de vrouwen stroomden naar binnen. Aan het plafond hingen camera's. Achter twee loketten van kogelwerend glas zaten hulpverleners in witte jassen.

In het bijzijn van een hulpverlener moest Luna in

een potje plassen. Ze werd gewogen, gemeten en er werd bloed afgenomen. Ze moest een vragenlijst invullen. Ze moest aangeven of ze in de prostitutie werkte en of ze in een opvangcentrum verbleef.

De hulpverlener achter het loket vroeg of ze spuiten wilde omruilen. Ze gaf Luna een papieren bekertje met een roze vloeistof. 'Meteen opdrinken,' zei de hulpverlener. Luna dronk het bekertje leeg en gooide het in een prullenbak waar al een heleboel lege bekertjes in lagen.

De volgende ochtend fietste Luna naar de Stormsteeg. Ze wilde niet meer naar de methadonpost omdat methadon verslavender was dan heroïne. De Shelldirecteur had met de directeur van het gymnasium afgesproken dat Luna op maandag weer aan het werk zou gaan. Maandagochtend fietste Luna niet naar het station. Ze fietste naar de Stormsteeg en weer naar huis. Thuis ging ze in de hangmat liggen.

Ik moest het verhaal van de man die tweeënhalf jaar dood lag afmaken. In Goes had ik gesproken met de zus van de man die tweeënhalf jaar dood lag. Achter mijn bureau luisterde ik naar een opname van het gesprek. 'Ik heb God op mijn blote knieën bedankt dat hij nooit getrouwd is,' zei de zus op het bandje. 'Het was geen mens om mee te leven.'

Ineens kreeg ik het benauwd. Ik hapte naar lucht,

mijn keel maakte een zagend geluid. Ik liep de trap op, Luna kwam de hangmat uit. 'Je ziet paars,' zei ze. Ze deed een jurkje aan en nam me mee naar buiten.

Op de stalen brug hield ze een taxi aan. 'Naar het ziekenhuis,' zei ze tegen de chauffeur. 'Niet doodgaan,' zei ze tegen mij. De taxichauffeur kende de weg niet. Met armgebaren maakte ik duidelijk welke kant hij op moest. 'Doorrijden,' schreeuwde Luna toen de taxichauffeur voor een verkeerslicht stopte.

Op de eerste hulp zei een arts dat ik beneveld moest worden. Ik kreeg een masker op waar zoete lucht uit kwam. Luna hield mijn hand vast. Na een tijdje ging het ademen beter.

De arts deed het masker af. Hij zei dat het een astmaaanval was als gevolg van een allergische reactie. 'Bent u onlangs met vreemde stoffen in aanraking geweest?' Luna zei dat ik een keer heroïne had gerookt. De arts dacht niet dat het met heroïne te maken had.

Op de longafdeling werden röntgenfoto's gemaakt. Bij een gezondheidscentrum naast het ziekenhuis werd bloed afgenomen. Na een week kwam ik terug. De arts zei dat ik allergisch voor katten was. Bij de apotheek kon ik een inhaler ophalen.

Twee weken later werd de magere kat ziek. De dierenarts stelde vast dat er een grote tumor in zijn buik zat. Luna zei niets meer tegen mij. Ze maakte een slot op de deur naar haar verdieping. Alleen 's ochtends kwam ze naar beneden, om naar de Stormsteeg te fietsen.

Haar moeder kwam de magere kat halen toen hij niet meer kon lopen. Een dierenarts in Wassenaar gaf de kat een spuitje. Luna's moeder wilde de magere kat laten opzetten. Ze dacht dat dat Luna troost zou bieden. In zijn Audi reed de Shell-directeur met de dode kat in de kofferbak naar een preparateur in Duitsland.

10

Luna dacht dat ik de magere kat had vermoord. Dat zei ze toen we elkaar op een ochtend tegenkwamen op de trap. Ze was opnieuw de vreemde. Ze duwde me opzij, pakte haar fiets en reed naar de Stormsteeg. Aan de pukkels in haar gezicht zag ik dat ze crack rookte.

De conciërge van het gymnasium belde. 'Luna is niet aanspreekbaar,' zei ik. Aan het einde van de maand kreeg ze slechts een deel van haar salaris uitbetaald. Luna dacht dat ik geld van haar rekening had opgenomen. Ze belde de Rabobank en vroeg een nieuwe pincode aan.

Ze wilde de Nightingale-speakers voor vijfhonderd euro verkopen. Er kwam iemand aan de deur. Hij bekeek de speakers en zei dat ze te duur waren. 'Sodemieter dan maar op,' zei Luna tegen de man.

Een paar dagen voor Kerstmis kwam de Shell-directeur het huis binnen. Hij liep naar boven en trapte Luna's deur in. Ze zag eruit als een geraamte. Ze pakte het folie en liep met haar vader naar de Audi.

Met Kerstmis was ik in Wassenaar. Ik at burek met de Shell-directeur en zijn vrouw, Luna lag in het bed in de logeerkamer van haar oma. Op tafel stond een kerststukje met een kaars. Luna's moeder doofde de vlam met haar vingers toen de kaars bijna op was en een dennentak in brand dreigde te vliegen.

De Shell-directeur schonk een glaasje glühwein in. Ik vertelde over de man die tweeënhalf jaar dood in zijn huis had gelegen. 'Ongelooflijk dat zoiets in Nederland kan gebeuren,' zei Luna's moeder.

Samen met de huisarts hadden ze voor Luna een nieuwe strategie bedacht. Met hulp van een morfinekuur zou ze op eigen kracht afkicken. In de tussentijd ging haar moeder op zoek naar een nieuwe dokter Boudewijns, ze had al iemand op het oog.

De Shell-directeur vertelde dat de Duitse preparateur de magere kat niet kon opzetten, het overschot had te lang in de kofferbak van de Audi gelegen. Wel kon de preparateur van de vacht een kleedje maken.

Luna was tevreden over de morfinekuur. 'Ik heb helemaal niet het idee dat ik aan het afkicken ben,' zei ze. We gingen in de huiskamer op een matras voor de televisie liggen, Luna's moeder bracht twee bakjes paprikachips.

Die nacht sliepen we samen in het logeerbed. 'Voortaan zal ik lief voor je zijn,' zei ze. De volgende ochtend ging ik terug naar Amsterdam, haar moeder wilde dat ze de morfinekuur zonder mij in Wassenaar afmaakte. Daarna zou ze naar Amsterdam komen.

In het huis voelde ik de benauwdheid weer opkomen. De artsen hadden gezegd dat in een huis waar een kat had geleefd nog twee jaar lang huidschilfers door de lucht dwarrelden. Ik zoog aan de inhaler en liep naar boven. Op Luna's verdiepingen lagen lege aanstekers, doordrukstrips en stukken geblakerd aluminiumfolie. In de magnetron stond een bord hard geworden Brinta.

De telefoon ging, het was de conservator van het Verzetsmuseum. De schoen die ik had gebracht bleek niet afkomstig uit de oorlog. 'Gooi die schoen in godsnaam in de prullenbak,' zei ik.

Ik sprak af met een dichteres die ik op een feestje had leren kennen. Ik vertelde dat mijn vriendin bij haar ouders in Wassenaar met hulp van morfine aan het afkicken was. 'Laten we gaan dansen,' zei de dichteres.

Tot diep in de nacht dansten we in een café in de Warmoesstraat, het was fijn en onwerkelijk om niet met Luna bezig te zijn. Een paar dagen later spraken we af in een park. 'Wist je dat een dag op Venus bijna een jaar duurt?' zei de dichteres.

Ik ging naar Parijs om een vergeten schrijfster te interviewen. In de jaren zeventig, toen de schrijfster nog bekend was, had ze pornografische romans gepubliceerd, met daarin zinnen als: 'Toe maar, doe het maar, en jezus meid, je was zo warm vanbinnen, bloedheet, en zelfs je dijbenen waren heel warm, de huid aan de binnenkant was, nee, niet glad als satijn, daar was het niet mee te vergelijken; Rauptierfelle (duizend jaar later in Rilke), vanwege dat warme en omdat het vel zo leefde onder mijn vingers.'

Ze had ook de pornobelevenissen van Emmanuelle Arsan vertaald, waar de bekende Emmanuelle-films met Sylvia Kristel op waren gebaseerd. Het was de eerste en laatste vergeten schrijver van wie ik het complete oeuvre in één keer uitlas.

De vergeten schrijfster vond het enig dat ik haar opzocht. Ze was 68 en droeg een ruitjeskilt die ter hoogte van haar dijen was vastgestoken met een dekenspeld. 'Ik ben geen wilde dame maar een keurige mevrouw,' zei ze op het einde van het gesprek. 'Maar weet je niet dat keurige dames de wildste zijn?'

's Avonds slenterde ik door Parijs. Op zoek naar een geldautomaat kwam ik terecht in de Moulin Rouge. Een Noord-Afrikaanse man kwam op mij af. 'Geld doet er helemaal niet toe,' zei hij. 'Laten we wat gaan drinken.' Hij loodste me een bar binnen die Le Nooky heette.

In Le Nooky verdween de Noord-Afrikaanse man onmiddellijk. Twee andere mannen kwamen tevoorschijn. Ze sloegen mij amicaal op de schouder en trokken twee flessen champagne open. Ik zei dat ik geen geld bij me had. De mannen lachten en maakten afwerende gebaren.

Een schaars geklede Marokkaanse kwam binnen. Ik stond op en wilde gaan. De mannen pakten mij vast. Ze zeiden dat de champagne vijfhonderd euro per fles kostte, het optrommelen van de Marokkaanse kostte ook vijfhonderd euro. Een derde man kwam tevoorschijn. Hij stelde zich voor als 'monsieur le patron' en doorzocht mijn zakken.

Wat later liep ik tussen de twee mannen naar een geldautomaat. Ik toetste een verkeerde code in. We liepen naar een andere geldautomaat, waar ik opnieuw een verkeerde code intoetste. Toen de mannen even niet opletten zette ik het op een lopen, achter mij hoorde ik gevloek en getier.

Een halfuur later was ik terug bij het hotel. In de kamer belde ik Luna op haar mobiele telefoon, ze nam niet op. Ik belde de dichteres, die wel opnam. Ze moest lachen om het verhaal.

Een paar dagen nadat ik terug was uit Parijs werd Luna door de Shell-directeur en zijn vrouw naar Amsterdam gebracht. Ze zag er stralend uit. In een nieuw mantelpak en op hoge hakken stapte ze uit de Audi. We gingen aan de keukentafel zitten. Af en toe stond Luna's moeder op om haar te omhelzen. Haar broer kwam langs om de deur te repareren die de Shell-directeur had ingetrapt.

Ik was bijna jarig, de Shell-directeur deed mij een jaarabonnement op *The Economist* cadeau. Luna's moeder legde uit dat Luna nog twee weken door moest gaan met de morfinekuur. Ze zei dat ze er in Wassenaar streng op had toegezien dat Luna elke dag de juiste hoeveelheid binnenkreeg.

Ze nam een stuk papier waarop ze schreef dat ik in het bijzijn van haar echtgenoot plechtig had verklaard haar dochter dagelijks van de juiste hoeveelheid morfine te voorzien. Ik moest mijn handtekening op het papier zetten, daarna gaf ze mij de tabletten.

Toen haar ouders waren vertrokken zei Luna dat ze de morfine al een week niet meer nam. Uit het vakje van haar reistas haalde ze een hoeveelheid blauwe pillen tevoorschijn die ze zogenaamd had ingenomen. Ik was blij dat ze mij in vertrouwen nam, zolang wij elkaar vertrouwden kon het nog goed komen.

Twee dagen na mijn verjaardag was Luna jarig. Ze werd negenentwintig. Van haar ouders kreeg ze het kleedje van de vacht van de magere kat. Ze streelde het kleedje en legde het in ons bed.

Ik gaf haar twee bonsaiboompjes. 'Als je goed voor

deze bonsaiboompjes zorgt geven ze je heel veel liefde,' had de verkoper gezegd. Ik kocht er een handboek bij waarin stond hoe de bonsaiboom verzorgd moest worden. Luna las het boek en verzorgde de boompjes. Met een speciale schaar knipte ze de takken.

Elke ochtend stonden we om zeven uur op. We sproeiden elkaar af in de badkuip en ontbeten met Brinta en jus d'orange met versgeperst citroensap. Na het ontbijt ging Luna naar haar verdieping en ik naar de mijne.

Op haar verdieping borduurde ze. Borduren was haar nieuwe bezigheid, tijdens het afkicken in Wassenaar was ze ermee begonnen. Haar moeder had haar een borduurframe, linnen, garen en een naald gegeven. Uren achtereen hadden ze samen aan de grote tafel in de voorkamer gezeten. Zij bordurend, haar moeder kraaltjes rijgend.

Ze werkte aan een patroon van veelkleurige vierkanten, cirkels en rechthoeken. Razendsnel joeg ze de draad door het witte linnen, haar arm met de littekens bewoog op en neer. Om zich niet met de naald te prikken had ze een vingerhoed omgedaan.

Er kwam een kaart van het gymnasium in Rotterdam. 'We hopen dat je snel weer beter wordt,' stond erop. De nieuwe dokter Boudewijns belde. Luna zei dat ze zich uitstekend voelde. De nieuwe dokter Boudewijns wilde een afspraak maken. 'Dat is echt niet nodig, meneer,' zei Luna.

Het eerste nummer van *The Economist* werd bezorgd. Op het omslag stond het hoofd van de Noord-Koreaanse leider Kim Jong Il, gehuld in een nucleaire paddenstoelenwolk. Na Irak zou Noord-Korea worden aangevallen, voorspelde het blad.

Na een paar dagen stopte Luna met borduren. Het doek met veelkleurige vierkanten, cirkels en rechthoeken verdween in een la. Ze zei dat ze een stukje ging fietsen. Het regende, doorweekt kwam ze terug. De dagen erna ging ze weer fietsen.

Op een van die dagen fietste ik achter haar aan. Ik moest mijn best doen om haar niet uit het oog te verliezen. Op haar zilverkleurige sportfiets racete ze door de smalle straatjes, voor verkeer dat van rechts kwam stopte ze niet.

Ik hoorde iemand haar naam roepen. Het was een van de vrienden die bij ons hadden gegeten. Luna hoorde hem niet. Vervolgens zag de vriend mij voorbijkomen. Ik stak mijn hand op en gebaarde dat ik hem zou bellen.

Bij de Nieuwmarkt ging Luna rechtsaf. Ze reed de Stormsteeg in en stapte van haar fiets. Ik keerde om en fietste terug naar huis. Toen ze thuiskwam zat ik achter mijn bureau. Ze liep de trappen op en deed de door haar broer gerepareerde deur achter zich op slot.

's Avonds hoorde ik gestommel in de huiskamer boven mij. Ik liep de trap op om te kijken. Achter de wenteltrap bevond zich de badkamer waar de vroegere huurder van de middelste twee verdiepingen gebruik van had gemaakt. Luna had er spullen neergezet die ze niet meer wilde hebben.

Het was snikheet in die badkamer, vanwege een verwarming die om onduidelijke redenen niet meer uit kon. 'Zoiets raars heb ik nog nooit meegemaakt,' zei de loodgieter die ik er een keer voor had laten komen.

Ik deed het licht van de badkamer aan. Tussen de lege verhuisdozen stond Luna, geheel ontkleed. Haar botten tekenden zich af als scherpe voorwerpen in een plastic tas, zweet droop van haar slapen.

Het leek of ze op pauze stond. Ze huiverde toen ik haar beetpakte. 'Ik ben een steeds minder levend standbeeld,' zei ze. Ik bracht haar naar boven en legde haar in de hangmat. Ze probeerde te lachen, op haar tanden zat opgedroogd bloed. 'Neuk me alsjeblieft,' zei ze. 'Ik wil een kind van je. Als ik een kind van je heb wordt het allemaal beter.'

Ze antwoordde niet toen ik vroeg of ze opnieuw het spiraaltje uit zich had getrokken, het leek of ze sliep. Op handen en voeten kroop ik door de kamer om te zien of ergens een spiraaltje lag. In een hoek vond ik het vel van de magere kat. Verfrommeld en onder het stof. Ik deed het raam open en klopte het vel uit. In een rondvaartboot zwaaiden toeristen naar mij.

Ze zei dat het tijdelijk was en dat ze zou stoppen. Maar twee weken later was ze nog magerder en had ze weer pukkels in haar gezicht. Op een dag vloog ze me aan, nadat ze in mijn computer een e-mail van de dichteres had gevonden. Ze zei dat de dichteres een hoer was en dat ik het huis uit moest.

In tranen belde ze haar moeder, die meteen in de auto stapte. 'Wat jij hebt gedaan valt niet goed te praten,' zei haar moeder tegen mij. Ze bleef die avond slapen op de zwarte leren bank in de huiskamer. Luna lag boven in de hangmat, ik in het tweepersoonsbed in het souterrain.

De volgende ochtend gaf haar moeder haar geld voor heroïne. Terwijl Luna naar de Stormsteeg fietste zette haar moeder koffie. Ze vroeg of ze wat melk uit de koelkast mocht pakken. 'Ik weet dat het jouw pak melk is,' zei Luna's moeder. 'De volgende keer zal ik mijn eigen pak meenemen.'

Toen Luna terug was en op haar verdieping de heroïne had gerookt kwam ze bij ons in de huiskamer zitten. 'Ik wil dat hij weggaat,' zei ze tegen haar moeder. Luna's moeder zei dat het haar ook beter leek als ik naar mijn portiekwoning in Slotervaart terug zou gaan. Ik zei dat Luna zichzelf niet was. 'Je hoeft mij niet uit te leggen wie mijn dochter is,' zei Luna's moeder.

Ik belde de fotograaf aan wie ik mijn woning verhuurde. 'Ik heb recht op een maand opzegtermijn,' zei de fotograaf. Luna's moeder vond een maand te lang. 'Kun je niet bij die dichteres gaan slapen?'

Luna's moeder bleef in huis. Ze kocht haar eigen pakken melk en gaf Luna elke ochtend geld. 'Alleen heroïne, geen crack,' hoorde ik haar zeggen. De Shell-directeur stuurde mij een brief waarin stond dat de huur met ingang van de volgende maand was opgezegd.

Ik ging naar de nieuwjaarsborrel van een tijdschrift waar ik voor schreef. Na de borrel liep ik met enkele medewerkers naar een café. In de loop van de avond kwam de dichteres het café binnen. Ze was met een vriendin en bleef maar kort.

Op dat moment belde Luna mij. Ze vroeg waar ik was en hing weer op. Terwijl de dichteres naar buiten liep kwam Luna naar binnen. 'Heb jij iets met hem gehad?' vroeg Luna aan de dichteres. 'Nee,' zei de dichteres. 'Ik heb wel iets met hem gehad,' zei Luna. Ze draaide zich om en vertrok.

Op een dag vroegen Luna en haar moeder of ze gebruik mochten maken van mijn internetverbinding.

'We zoeken het e-mailadres van een klooster in Thailand,' zei Luna's moeder. Het klooster heette Thamkrabok Monastry. Het lag honderddertig kilometer ten noorden van Bangkok, in een tropisch woud waar kale rotsen bovenuit staken.

In het klooster woonde een monnikenorde die drugsgebruikers van hun verslaving afhielp. Het merendeel van de verslaafden kwam uit West-Europa. De eerste vijf dagen moesten ze ontgiften, las ik op de website. Op een stoffige binnenplaats, omringd door metershoge Boeddhabeelden, zaten ze op hun knieën langs een lange goot.

De monniken gaven de verslaafden een mok die gevuld was met een kruidendrank die braakneigingen opwekte. Vijf dagen achtereen gaven de verslaafden over in de goot, totdat hun lichaam vrij was van gifstoffen. Daarna kregen de verslaafden een briefje waar een heilig woord op stond. Ze moesten dat woord onthouden en dan het briefje opeten.

Vervolgens begon de spirituele reiniging. Door deel te nemen aan het kloosterleven zou volgens overste Luangpaw Charoen de gekwelde junkenziel uit 'het donkere getto' kunnen worden bevrijd.

De verslaafden werden bij zonsopkomst gewekt. Eerst kregen ze warm eten, de enige maaltijd van de dag. Na het eten werd er gemediteerd, meestal onder leiding

van een van de Europese monniken die ooit zelf verslaafd waren en na het afkicken in Thamkrabok waren
gebleven.

De rest van de dag werd er gewerkt. Je kon hout
voor de kampvuren sprokkelen, onkruid wieden in de
moestuinen of meehelpen met het bouwen van nieuwe Boeddhabeelden. Als het donker werd sloeg een
monnik op een gong en werd er gezamenlijk gezongen.

'Ik weet zeker dat het goed voor mij is,' zei Luna. In
Londen had een afgekickte muzikant, die ze via mana-
ger Ian had leren kennen, over Thamkrabok verteld.
Luna's moeder vroeg zich af wat de nieuwe dokter
Boudewijns ervan zou vinden, maar met hem wilde
Luna niets te maken hebben. 'Ik ben mijn vertrouwen
in de westerse wetenschap volledig kwijt,' zei ze.

De Shell-directeur werd op de hoogte gesteld. 'Baat
het niet dan schaadt het niet,' zei hij. De behandeling
in het klooster was gratis, alleen voor de maaltijden
moest een kleine bijdrage worden betaald. De Shell-
directeur was bereid het vliegticket te betalen.

Op mijn computer stuurde Luna een e-mail naar
het klooster. Ze schreef dat ze verslaafd was aan hero-
ine en crack en vroeg wanneer ze kon komen. Vrij snel
antwoordde een monnik die zich Phra Hans noemde.
Luna kon komen wanneer ze maar wilde.

Op de ochtend van haar vertrek maakte ik haar wakker. Ik keek toe hoe ze rillend met een nagelschaartje het plastic bolletje met heroïne openknipte. Ze vroeg of ik meeging naar het vliegveld.

De Shell-directeur kwam ons halen in de Audi. Luna had een jurkje aangedaan, in Thailand zou het warm zijn. Haar panty, die slobberde rond haar vermagerde benen, zou ze uitdoen in het vliegtuig.

Op de achterbank zocht haar magere hand mijn hand. Met alleen wat handbagage checkte ze in. Ze verdween in een toilet om de laatste heroïne op te roken. We liepen naar de douane. Ze omhelsde haar ouders en daarna mij. Ze kuste me, haar jukbeen voelde vlijmscherp aan.

Ik zei dat ik met de trein terug wilde gaan. De Shell-directeur stond erop mij met de Audi thuis te brengen. Onderweg vroeg Luna's moeder of de fotograaf al was verhuisd.

Op de bank op mijn verdieping las ik in *Het boek der rusteloosheid* van Fernando Pessoa. Ergens schreef hij dat de vrouw een goede bron voor dromen was maar dat je haar nooit aan moest raken.

Met twee vrienden huurde ik een busje. Door het raam tilden we mijn schrijftafel, mijn boekenkasten, mijn archiefkasten en mijn bank naar buiten. Nog eenmaal liep ik door het huis. Boven stond de beschimmelde piano, die kon ik niet meenemen. De bonsaiboompjes op Luna's verdieping waren dood.

Ik zag de driehonderdvijftig jaar oude balken waar de hangmat aan hing en dacht aan scheepstimmerman Jan Simonsz. Muijen, die drie jaar na oplevering van het huis was gestorven. Ik dacht aan zijn nicht Giertien, die trouwde met een van de onfortuinlijke Ravenbroers. In Luna's kledingkast hing mijn grijze pantalon en mijn zwarte winterjas, die ze aantrok als ze naar de Stormsteeg fietste.

Ik stapte in het busje en we reden naar mijn portiekwoning aan de andere kant van de stad. In Slotervaart tilden we mijn spullen de trappen op, daarna vertrokken de vrienden.

Ik zat in mijn huiskamer en keek naar buiten. Langs de Lelylaan lieten buurtbewoners hun honden uit. Ik telde vliegtuigstrepen in de lucht. In de bosjes lag een matras dat er al lag voor ik Luna ontmoette. In mijn koelkast vond ik een beschimmeld stuk kaas dat de fotograaf had laten liggen.

's Avonds hoorde ik de skinhead in bed stappen, de volgende ochtend werd ik wakker van de bellende Ghanees. Ik had gedacht dat ik Luna kon redden. Samen met mij zou alles beter gaan. In plaats daarvan woonde ik weer in Slotervaart en kotste zij tienduizend kilometer verderop in een boeddhistenklooster haar maag leeg.

11

Na vijf dagen belde Luna. Ze had net zo lang ge-
schreeuwd tot de monniken haar een telefoon hadden
gegeven. Ik zat in de trein. Ik was onderweg naar een
natuurgebied in Overijssel waar in het buitenland gevangen otters waren uitgezet.

Na het uitsterven van de otter in Nederland wilde
een natuurorganisatie het dier herintroduceren. De
buitenlandse otters hadden zenders ingenaaid gekregen en werden de hele dag door de natuurorganisatie
gemonitord.

Luna zei dat de monniken van Thamkrabok in hun
rode gewaden om haar heen stonden. 'Ik hou van je,'
riep Luna. 'Ik wil dat je in ons huis blijft. We gaan een
mooie toekomst tegemoet.'

Ze zei dat ze clean was en dat ze naar huis wilde
komen. 'Je moet nog deelnemen aan het kloosterleven,' zei ik. 'Ik ben ongeschikt voor het kloosterleven,'
zei Luna. Ze hadden haar het briefje met het heilige
woord gegeven, maar het heilige woord was ze alweer

vergeten. Bovendien had ze het briefje niet doorgeslikt maar uitgespuugd.

Ze wilde nog iets zeggen maar de verbinding werd verbroken. Buiten passeerde station Weesp. In Steenwijk werd ik opgehaald door een medewerker van de natuurorganisatie. Die ochtend vaarde ik met hem in een bootje door het natuurgebied. De medewerker luisterde naar een ontvanger waarmee hij kon bepalen welke otter zich waar bevond.

's Middags gingen we naar Wageningen, waar het hoofdkwartier van de natuurorganisatie was gevestigd. De medewerker deed een vrieskist open en liet mij een in Wit-Rusland gevangen otter zien die in de buurt van het natuurgebied op een provinciale weg was doodgereden. De ogen van de dode otter stonden half open, zijn vacht voelde borstelig aan.

Toen ik thuiskwam schreef ik een bericht aan Luna en stuurde het naar het e-mailadres van Phra Hans. Ik schreef dat ik terug was verhuisd naar Slotervaart en dat ik werkte aan een verhaal over het otterproject. Twee dagen later mailde Phra Hans terug. Hij schreef dat Luna mijn bericht had gelezen. Alles ging goed met haar.

Vlak daarna belde Luna opnieuw. Ze was op Koh Pha Ngan, een eiland in het zuidoosten van Thailand waar losbandige vollemaansfeesten werden georganiseerd en grote hoeveelheden drugs in omloop waren.

Samen met een Brit was ze het klooster ontvlucht. In Bangkok hadden ze het vliegtuig naar het drugseiland genomen. De Brit had het naar zijn zin, hij wilde het volgende vollemaansfeest afwachten. 'Misschien is het beter als je teruggaat naar dat klooster,' zei ik tegen Luna. Ze beloofde dat ze dat zou doen.

Achter mijn schrijftafel met uitzicht op de Lelylaan probeerde ik mij te concentreren op het otterverhaal. Ik had ontdekt dat de man die in Letland en Wit-Rusland otters voor de natuurorganisatie had gevangen, gebruik had gemaakt van te strak afgestelde vallen, waardoor sommige otters verwondingen hadden opgelopen. Er kwam een e-mail van Phra Hans binnen, of ik wist waar Luna was. 'Als het goed is komt ze terug naar uw klooster,' antwoordde ik.

Twee weken hoorde ik niets van Luna. Toen mailde Phra Hans opnieuw. Luna zou de volgende ochtend met een toestel van China Airlines landen op Schiphol. 'Ze vraagt of jij haar op komt halen,' schreef Phra Hans.

De volgende ochtend liep ik van mijn huis naar station Lelylaan. Op het perron kwam ik de gespierde Surinamer van het beveiligingsbedrijf tegen. Hij zei dat de boevenbende zich niet meer op het station liet zien. Ik vertelde dat ik naar Schiphol ging om Luna op te halen. 'Ze is in Thailand geweest,' zei ik. 'Thailand is een prachtig land,' zei de gespierde Surinamer.

Op Schiphol zag ik op een monitor dat het toestel van China Airlines zojuist was geland. In aankomsthal 3 zou Luna door de douane komen. Toen ik daar aankwam zag ik haar moeder staan, het grijze haar opgestoken in een knot. Luna's moeder leek niet blij met mijn komst. 'Wat doe jij hier?' vroeg ze.

Ik ging een stuk verderop staan en keek naar de schuifdeur die open- en dichtging. Het duurde lang, ik liep naar een bar om koffie te halen. Toen ik terugkwam was Luna's moeder in gesprek met een curieuze verschijning. De man of vrouw droeg een wit gewaad en liep op sandalen, het hoofd was kaalgeschoren.

Toen ik dichterbij kwam zag ik dat het Luna was. Ze draaide zich om en keek mij stralend aan. 'Lieveling,' zei ze. Ze liep op me af en omhelsde me. Ze rook sterk naar zweet.

Luna vertelde dat ze businessclass had gevlogen. De piloot van China Airlines was zo vereerd met een boeddhistische non aan boord dat hij haar economyticket had opgewaardeerd.

Haar moeder wilde haar met de auto naar huis brengen. Luna zei dat ze met mij mee wilde gaan. 'Ben ik dan voor niks hierheen gekomen?' riep haar moeder. Luna omhelsde haar, reciteerde een mantra en kwam achter mij aan.

Voor het eerst in mijn leven liep ik met een boeddhistische non aan mijn zijde. Reizigers hielden halt en staarden ons na. Luna ging volkomen op in haar nieuwe identiteit, het leek onvoorstelbaar dat ze ooit iemand anders was geweest. In de trein voelde ik aan haar kaalgeschoren hoofd. De stoppels voelden zacht aan.

Op station Lelylaan stapten we uit. De gespierde Surinamer verstijfde toen hij Luna zag. 'Is dat Thaise klederdracht?' vroeg hij. We liepen naar mijn portiekflat, voor de berging sleutelde de skinhead aan een brommer. 'In Dharma,' zei Luna toen we langs hem liepen. In mijn huis ging ze op de vloer zitten. Ze vroeg om een glas water. 'Ik kan nu geen seks met je hebben,' zei ze. 'Dat maakt niet uit,' zei ik.

Ze vroeg of ze in mijn huis mocht mediteren. 'Ga je gang,' zei ik. Ze pakte een wierookstaafje en een wierookhouder uit haar tas. Ze stak het wierookstaafje aan, ging in een lotushouding zitten en kneep haar ogen dicht. Ik zag haar lippen bewegen. Luid zoemde een wesp die tussen de ramen van de schuifpui gevangenzat.

Na het mediteren vroeg ik of ze wilde douchen. Ze zei dat ze de levenswijze van Thamkrabok wilde aanhouden. Dat betekende dat ze zich 's ochtends vroeg met koud water waste, zonder zeep. Ze zou ook 's ochtends warm blijven eten, overdag dronk ze alleen kruidenthee.

Ik vroeg of ze nog iets had gehoord van de Brit met wie ze naar Koh Pha Ngan was gevlogen. 'Dat lijkt alweer een eeuwigheid geleden,' zei Luna. Ze stond op, omhelsde me en trok de voordeur achter zich dicht. Ik zag haar lopen over het kaarsrechte voetpad langs de grauwgrijze woonblokken in de richting van station Lelylaan, het witte gewaad fladderend in de wind.

's Avonds belde ze. 'Kom alsjeblieft hiernaartoe.' Ze klonk zo hopeloos dat ik door de regen van mijn portiekwoning naar het huis aan de gracht fietste. Toen ik aankwam zag ik dat de voordeur op een kier stond. Ik liep naar binnen en deed de deur achter me dicht.

Over de zwart-witte tegels en langs de muur die we mintgroen hadden geverfd liep ik naar de trap aan het einde van de gang. Ik ging omhoog over de krakende treden en kwam langs de deur met het gewelfde glas, die toegang gaf tot mijn vroegere verdiepingen.

Op de verdieping waar de keuken was nam ik de volgende trap en kwam op de verdieping die Luna als atelier gebruikte. Ik deed het licht aan en zag de stoel staan waarin ze had gezeten toen ze haar polsen doorsneed. Langs de muur lagen nog altijd de onderdelen van de kast die haar broer had vastgegrepen toen hij uitgleed over een fles.

Ik nam de trap naar de volgende verdieping. In de hangmat lag een kussen, op de bank waar ze lege flessen in verstopte lagen kleren. Ik liep het badkamertje in, waar haar linkerhoektand over de grond had gerold.

Op het plafond zaten handafdrukken. Ik ging op de rand van het bad staan en duwde het luik open. Op de lage zolder, waar de schoen had gelegen die niet uit de oorlog afkomstig bleek, en waar Oom Wim na het zien van *Das Testament des Dr. Mabuse* geen oog had dichtgedaan, lag Luna in haar monnikengewaad te slapen bij het schijnsel van een bouwlamp. Ik wilde haar niet wakker maken, schreef iets op een briefje en fietste weer naar huis.

Na een dag kwam ze opnieuw naar mij toe. Ze vroeg of ik een persbericht voor de lichtbakkenexpositie wilde schrijven. De week erna zouden de Shell-directeur en haar broer de lichtbakken in een busje naar Lelystad rijden.

In het persbericht schreef ik dat Luna een Nederlands-Britse kunstenares was die in Londen cum laude was afgestudeerd. 'Na een zangcarrière in een veelbelovende Britse band maakte zij de overstap naar de beeldende kunst.'

Op de lichtbakken paste ze een 'unieke, zelfbedachte' etstechniek toe. Door de gesloopte Lelystadse rijtjeshuizen af te beelden liet ze zien dat er 'schoonheid' kon schuilen 'in het ogenschijnlijk lelijke'.

Ik mailde het persbericht naar een plaatselijke krant en naar een regionale televisiezender. Luna stak een wierookstaafje aan en begon te mediteren. Toen ze klaar was begon ze over de dichteres. Ik zei dat de dichteres een lieve vrouw was. 'Je bent een egoïstische klootzak,' zei Luna. In haar gewaad liep ze mijn woning uit, met een knal trok ze de deur achter zich dicht.

Ik deed de televisie aan. Op CNN zag ik hoe Amerikaanse soldaten in Bagdad een standbeeld van Saddam Hoessein omver trokken.

In een debatcentrum in de binnenstad werd een Britse Rimbaud-biograaf geïnterviewd. Arthur Rimbaud was in 1876 in Nederland geweest. Een maand lang verbleef hij in een kazerne in Harderwijk, nadat hij zich had aangemeld bij het Nederlandse koloniale leger, om uitgezonden te worden naar Indië.

De rekruten, geronseld in verschillende Europese landen, kregen in afwachting van hun uitzending een vergoeding die ze meestal direct verbrasten in de talloze kroegen en bordelen die Harderwijk in die tijd telde. In een van die bordelen zou Rimbaud contact hebben gehad met een prostituee die Rotte Pietje werd genoemd.

Ik wilde een verhaal over Rimbaud in Harderwijk schrijven en was benieuwd of de Britse Rimbaud-biograaf iets van Rotte Pietje wist. Na afloop van het debat gingen de deuren van het zaaltje open. Ik zette mijn telefoon aan, die meteen overging. 'Ik wil niets meer met je te maken hebben,' zei Luna met onvaste stem. Ik zei dat ik in het debatcentrum was met de Rimbaud-biograaf en dat ik niet kon praten.

Aan de bar bestelde ik een biertje voor de Rimbaud-biograaf. Terwijl hij vertelde over Rotte Pietje zag ik Luna het debatcentrum binnen komen in haar witte gewaad. Verwonderd draaiden de aanwezigen zich in haar richting.

Luna liep naar de bar en bestelde witbier met jonge jenever. Ze sloeg de drankjes achterover en kwam op mij af. 'I'm not as weird as I look like,' zei ze tegen de Rimbaud-biograaf.

In het debatcentrum was ook een van de vrienden die bij ons hadden gegeten toen Luna was begonnen over een literaire kring à la de Bloomsbury Group. 'Je zou mensen benaderen,' voer Luna tegen hem uit. 'Waarom heb ik daar nooit meer iets van gehoord?'

Na nog een witbier met jenever liep ze het debatcentrum weer uit. 'Dit is de eerste keer dat ik een dronken boeddhistische non meemaak,' zei de Rimbaud-biograaf.

Ik ging naar Lelystad om de lichtbakkenexpositie te bekijken. Ze hingen in de hal van het stadhuis. Een man van de infobalie kwam op mij af. Hij vroeg of ik wist wat het voor moest stellen. Ik legde uit dat het afbeeldingen waren van de halfgesloopte wijk achter het station. 'In het donker komen ze pas goed tot hun recht,' zei ik. 'We kunnen moeilijk het hele stadhuis gaan verduisteren,' zei de man. 'Kunst is leuk maar het moet wel praktisch blijven.'

In mijn portiekwoning belde ik Luna om haar met de expositie te complimenteren. Toen ze hoorde dat ik het was hing ze meteen weer op. Vlak daarna belde ze terug. Ze zei dat ik mijn piano uit het huis moest komen halen.

Ik wist niet wat ik met de piano moest doen. In mijn portiekwoning paste hij niet, bovendien was de piano beschimmeld. De volgende dag belde Luna weer. Ik hoefde de piano niet meer te halen. Ze zei dat ze hem met een bijl in stukken had gehakt.

Luna belde mij niet meer. Als ik haar belde, verbrak ze de verbinding. Van de vriendin van haar broer hoorde ik dat ze haar monnikengewaad had uitgedaan en korte leren rokjes droeg, op haar benen zaten blauwe plekken. Ze zou speed gebruiken en het huis onderverhuren om aan geld te komen. Nog een paar keer werd ik gebeld door een organisatie die voormalige docenten weer het onderwijs in probeerde te krijgen.

In de stad kwam ik de dichter tegen die ook redacteur was. Hij vertelde dat Luna met een hamer een gat in het dak had geslagen. Ik vermoedde dat ze op zoek was geweest naar het geheime luik waarmee de joodse onderduikers naar het dak konden vluchten. De dichter die ook redacteur was had de politie gebeld. Ze waren geweest maar hadden haar niet meegenomen.

Op een dag was ik in de buurt van het huis. In het café om de hoek zag ik Luna zitten. Aan de bar dronk ze witbier met jenever. Ze had een netpanty aan, om haar nek zat een zwarte riem waar spijkers uit staken. Haar lippen waren zwart gestift, er zaten ringetjes in haar aan de schedel vastgegroeide oren.

Ik ging op de barkruk naast haar zitten en vroeg hoe het ging. Luna staarde voor zich uit, naar de flessenrij achter de bar. Ik kende dat ijzige zwijgen en die manier van kijken. Het voelde vertrouwd aan, even leek het of we weer samen waren.

'Of jij gaat hier weg of ik ga hier weg,' zei ze ineens. Ik bleef zitten. Ze riep de barman en rekende af. Het was dezelfde barman aan wie ze had verteld dat Joseph Conrad vermoedelijk in ons huis was geweest. 'Alles goed met jou?' vroeg de barman aan mij.

Luna liep naar buiten, ik ging achter haar aan. Ze keek over haar schouder en versnelde haar pas. Ze sloeg de hoek om en zocht in haar tas naar de voordeursleutel. Het duurde een tijdje voor ze de sleutel had gevonden. Met bevende handen maakte ze de voordeur open. Ze ging naar binnen en trok de voordeur achter zich dicht.

Die zomer ging ik op vakantie met de dichteres. We huurden een auto en reden naar het uiterste noorden van Zweden. In de buurt van een smeltende gletsjer vond ik het gewei van een jonge eland en de kaak van een hert waar nog tanden in zaten.

III

Ik rijd naar Aartselaar om het kasteel te bekijken. De autoshowrooms en de fastfoodrestaurants zijn er nog steeds, net als de autowasstraat, de golfbanen en het overgebleven stukje bos.

Op een parkeerplaats in het overgebleven stukje bos staan de auto's van leden van de golfclub. Een man in een ruitjesbroek rijdt voorbij in een elektrisch karretje, hij heeft een zonneklep op. Ik doe mijn auto op slot en ga een roestige poort door, onder een treurwilg slaapt een hond.

Achter de treurwilg ligt het kasteel in de slotgracht. Ik herken de ronde, de vierkante, de uivormige en de spitse toren. Onder het leistenen dak van de vierkante toren groeit een tak.

Ik heb collega B. gevraagd wat hij zich herinnerde van de avond. Hij wist nog dat er tot verontwaardiging van sommigen snippers eendenlever bij het voorgerecht werden geserveerd. En dat de Shell-directeur tijdens het gesprek bij de trap de beschuldigingen van de terechtgestelde Ogoni-activist Ken Saro Wiwa 'Nigeriaanse leugens' noemde.

De autorit van het kasteel naar het hotel stond collega B. helder voor de geest. 'We zagen een doorweekt hoertje dat langs de weg stond te tippelen en maakten daar grappen over.' Totdat ik zag wie het was en 'stop' riep. Volgens collega B. zei Luna dat ze niet op dat 'Anton Pieck-kasteeltje' wilde logeren. Hij dacht dat ze naar Antwerpen wilde om te scoren.

In de slotgracht zwemmen ganzen. Ik volg een kiezelpad. Verderop staat een groen uitgeslagen parasol, in het gras ligt een gebarsten schijnwerper die ooit op het kasteel stond gericht.

Ik loop de brug op en duw tegen de poort. De poort is op slot. Iemand heeft een briefje opgehangen: 'Xposure advertising is verhuisd op 4 september j.l. naar Toekomststraat 44 in Hamme.' Naast de poort hangt een koperen bel met een klepel. Niemand reageert op mijn geklingel.

Rechts van de poort is een raam. Ik klim op de reling van de brug om naar binnen te kunnen kijken. Het is de kamer waar de rode bank stond, hier sleurde de bruid haar zusje bij mij vandaan. In het vertrek staat nu een lange vergadertafel.

Iemand maakt de poort open, een jongeman die

sterk naar aftershave ruikt. 'Dit kasteel is privébezit,' zegt de jongeman. Zijn vader, de heer Matties, is de eigenaar. 'Bijna tien jaar geleden, in september 2001, is hier een bruiloft geweest,' zeg ik. 'Dat zal een van de laatste bruiloften zijn geweest,' zegt de jongeman. Sinds 2002 wordt het kasteel niet meer verhuurd. 'Mijn vader had er geen zin meer in.'

Ik vertel over Luna, over de bruiloft, over het huis aan de gracht en over de crack en de heroïne. De jongeman kijkt verrast en laat me binnen. We staan op de binnenplaats, die vol ligt met rommel en gereedschap. Ik zie de galerij waar de genodigden champagne dronken. In de hoek is de ingang naar de eetzaal.

'Waarom was je met zo iemand?' vraagt de jongeman. Ik vertel over mijn vroegere obsessie met zelfmoordenaars en junkies. Dat ik ook een zelfmoordenaar of een junkie wilde zijn, maar dan op een veilige manier. 'Ik dacht dat dat met haar zou kunnen.'

Ik vertel dat het leek of Luna geen fundament had. 'Ze kon een tijdje iemand zijn, maar die persoon moest vroeg of laat om zeep worden geholpen.'

Ik zeg dat ik nog steeds niet kan geloven dat de persoonlijkheid die ik voor haar oorspronkelijke persoonlijkheid hield – haar lieve ik – slechts één van haar gedaanten was, dat die net zo willekeurig tevoorschijn kon komen als de vreemde die ze ook kon zijn. 'Als dat zo is dan is ze een patiënt,' zegt de jongeman.

Ik kijk naar de lucht boven het kasteel. Wolken jagen voorbij, het lijkt of de torens omvallen. De jongeman vertelt dat ze veel last hebben van mensen uit de omgeving. 'Bewoners van Aartselaar menen dat ze recht op toegang hebben. "Het kasteel is ook van ons," zeggen ze. Als ik de poort niet op slot doe wandelen ze gewoon naar binnen.'

We gaan het kasteel binnen. 'Hier was de eetzaal,' zeg ik. 'Hier ongeveer stond de tafel waaraan ik zat.' Verderop hield de hoogleraar zijn toespraak, uit die richting kwam Luna aangelopen toen ik haar voor het eerst zag. 'Ze was een onwaarschijnlijke femme fatale,' zeg ik, 'een optelsom van Amy Winehouse, Mata Hari en Lady GaGa.'

Ik loop naar het zijvertrek, waar de lange vergadertafel staat. 'Hier heeft een rode bank gestaan,' zeg ik tegen de jongeman. 'Met Luna zat ik op die bank. Ineens stond haar zus hier, in haar bruidsjurk. Ze zei dat ik meerdere vrouwenlevens had verwoest.'

De jongeman vertelt dat zijn vader het kasteel en het bijbehorende nederhof in de jaren negentig kocht als beleggingsobject. De eigenaar van de golfclub, die de gebouwen van de nederhof huurt, klaagde over gebrekkig onderhoud en spande een rechtszaak tegen de heer Matties aan.

Volgens de jongeman maakt de eigenaar van de golfclub hun het leven zuur. Er zouden expres golfballen op de ruiten van het kasteel worden gemikt. De mysterieuze brand die in 2003 in de nederhof woedde, brak volgens hem niet zomaar uit.

Zolang de rechtszaak loopt kan het kasteel niet worden verkocht. De jongeman verricht af en toe een onderhoudsklus om het onstuitbare verval van het kasteel enigszins tegen te gaan. 'Allee,' zegt hij, 'ik moest maar weer eens aan het werk gaan.' Vandaag wil hij de tak verwijderen die uit het leistenen dak van de vierkante toren groeit.

Van het kasteel rijd ik naar Best Western-hotel Ter Elst. Ik kom langs Midas Auto-onderdelen, waar Luna in de regen stond te liften. Van het kasteel naar Midas Auto-onderdelen is het ongeveer twee kilometer lopen. In haar glitterjurkje en op hoge hakken liep ze twee kilometer door de regen.

Op het dak van het Best Western-hotel is een gsm-mast geplaatst. De regenpijp lekt, op de betonnen gevelplaten zitten roestvlekken. Binnen ligt rode vloerbedekking. Tegen de muur staan vitrines met horloges en halskettingen. Aan het plafond hangt een luchter van glas.

Ik loop de trap op. Onze kamers waren op de eerste verdieping. Voor kamer 1.07 sta ik stil. Dit is de kamer waar we samen naar binnen gingen. Dit is de kamer waar ze met de Shell-directeur weer uit tevoorschijn kwam.

Een schoonmaakster duwt een kar door de gang. Ik vraag haar of ik in de kamer mag kijken. De schoonmaakster vindt het goed, ze maakt de deur open. Terwijl ze stofzuigt op de gang loop ik naar het kantelraam en kijk naar buiten. Ik zie de parkeerplaats waar de Audi stond.

Ik heb een videoband met beelden van het verjaardagsfeest van de hoofdredacteur in Hotel de l'Europe over laten zetten op dvd. Ik zet de dvd-speler aan en druk op play. Een dichte menigte in een krappe ruimte. De hoofdredacteur zit op een stoel. Hij is doodziek, hij heeft nog ongeveer een halfjaar te leven. De chemokuren hebben niet geholpen, zijn haar is weer een beetje aangegroeid.

In het tijdschrift schreef hij een halfjaar eerder dat er slokdarmkanker bij hem was geconstateerd. 'Nooit komen rampen als verspieders, eenzaam en alleen,' noteerde hij. Hij werkt nog aan zijn stuk over prins Bernhard, dat we moeten publiceren als de prins overlijdt.

Een columnist houdt een toespraak die hij een halfjaar later tijdens de uitvaartdienst in licht gewijzigde

vorm nog een keer zal houden. Ik zie de vorige hoofdredacteur, die onder meer vanwege de declaratie van
een koelkastje voor in het hoofdredactionele vertrek
de verontwaardiging van de redactie wekte, en niet
lang daarna met veel rumoer opzij werd geschoven.

Ik zie de dochter van de filosoof. Haar blonde haar
zit in een staartje. Ze praat met een dame die op de
administratie van het tijdschrift werkte. Deze dame
speelde de hele dag patience op haar computer. Toen
collega B. en ik het spel van haar computer haalden,
belde ze in paniek met de systeembeheerder.

Daar sta ik zelf. Ik heb een zwarte trui aan, daar-
overheen een zwart jasje. Mijn haar is niet zo lang als
nu. Ik praat met Theo van Gogh, die net is binnengekomen. Hij heeft een mintgroene jas aan die nat is van
de regen. Verderop staat de vriend van collega A. die
mij even later het nummer van zijn vriendin zal geven.

Op de dvd staat ook een documentaire over het tijdschrift, in 1997 uitgezonden door een lokale zender.
Beelden van de hoofdredacteur, blakend van gezond-
heid. Hij zit op een gammele bureaustoel in het hoofdredactionele vertrek. Het gordijn moet dicht omdat de
zon verblindend weerkaatst op een spiegelende toren
aan de overkant.

De hoofdredacteur werkt aan een verhaal over Rosa
Luxemburg. Het verhaal is bestemd voor het kerst-

nummer, dat 'de vrouw' als thema heeft. De camera zoomt in op zijn door drukinkt en psoriasis aangetaste vingers. Naast het toetsenbord een schoteltje sigarenas. 'Het is niet zo dat ik het hier ter plekke, *à l'improviste* op het scherm werp,' zegt de hoofdredacteur. 'Er is al een avondje denk- en leeswerk aan voorafgegaan.'

De redactievergadering wordt gefilmd. Daar zitten wij redacteuren op een rij. Collega A. zit op de hoek, hij wipt op zijn stoel. Hij heeft een zwarte pantalon met witte streepjes aan, een donkere trui met een licht overhemd eronder. Hij knoeit koffie en haalt een doekje.

De hoofdredacteur vertelt dat op het omslag van het kerstnummer over 'de vrouw' een vrouwenbeen komt te staan, met 'een elegant toefje schaamhaar'. Wij redacteuren grinniken. De vergadering is voorbij. De hoofdredacteur staat op. Hij loopt de trappen van het vervallen pand af. In een café om de hoek bestelt hij zijn jenever.

Ik droom over Luna's moeder. In de droom kom ik haar tegen in een groot gebouw waar ze samen met Luna een expositie van onduidelijke objecten inricht. Luna's moeder en ik wandelen een eindje. Ze doet vriendelijk en ziet er jong en sportief uit.

Ik aarzel lang maar vraag dan toch hoe het met Luna gaat. Op dat moment lopen we op een brug over een snelweg. Ik moet mijn best doen om te verstaan wat Luna's moeder zegt.

Ze vertelt dat Luna een vriend heeft die Roderick heet. Roderick is lid geweest van het Leidse studentencorps. Laatst ging hij met zijn corpsvrienden naar een wild feest en had Luna het moeilijk. Dat lijkt mij volstrekt logisch, ik zie het helemaal voor me.

Luna's moeder vraagt waarom ik Luna nooit meer iets heb laten horen. Ik ben verbijsterd. 'Ik heb dat heel vaak geprobeerd,' zeg ik. 'Daar heeft ze niets van gemerkt,' zegt haar moeder.

Luna's moeder verdwijnt, ik sta nog steeds op de brug. Vanuit de verte komt Luna aangelopen. Ze reageert niet vijandig. Ze loopt een stukje voor me uit. Haar benen zijn dik, maar ik bedenk me dat dat door de fladderende broekspijpen alleen maar zo lijkt.

We wandelen een eindje. Luna lijkt een doodgewoon iemand, nietszeggend bijna. Ik vertel over mijn kinderen, foto's wil ze niet zien. Ze lijkt zichzelf, ik merk geen afwijkend gedrag. Totdat we in een openbaar toilet komen. Ze wil haar voet in een smerig afvoerputje steken. Ze begint hard te hoesten en ik denk: wat een dampen er ook allemaal door die longen zijn gegaan.

Ik ben in de buurt van het centraal station als iemand mij roept. Het is de vriend van collega A., die op het feest van de hoofdredacteur in De l'Europe na lang aarzelen het telefoonnummer van zijn vriendin wilde geven. Hij heeft een groene honkbaljas aan, zijn half-lange haar wappert in de wind.

De vriend van collega A. vertelt dat hij cursussen geeft aan mensen uit het bedrijfsleven. Hij leert managers en werknemers met 'zichzelf' in contact te komen. 'Lucratieve handel,' zegt hij.

We praten over Luna. Hij zegt dat hij heeft gehoord dat ze in een inrichting heeft gezeten. Niet lang geleden zou ze in Duitsland in verwarde toestand uit een trein zijn gehaald.

De vriend van collega A. heeft Luna een paar keer op straat zien lopen. Op heel hoge hakken. En met een grote hoed, die over haar ogen leek te vallen. Hij woont niet ver bij haar vandaan, regelmatig komt hij langs het huis. 'Het ziet er uitgestorven uit,' zegt hij. Hij denkt dat ze in Wassenaar bij haar ouders verblijft.

Thuis kijk ik op de website www.alarmeringen.nl. Op die website kun je zien waar hulpdiensten naartoe rijden. Je kunt ook op adres zoeken, om te zien of daar een hulpdienst naartoe is gestuurd. Ik zie dat op 15 november om 12.22.27 uur een ambulance met spoed naar Luna's huis is gereden. Rit 108, alarmcode 0120998.

Als ik Luna's naam intyp op internet vind ik een interview met Johnny de Mol, de presentator in wiens televisieprogramma ze optrad op de dag dat ik in het café in Amsterdam met haar had afgesproken. In het interview zegt Johnny de Mol dat hij zijn televisiecarrière niet aan zijn vader heeft te danken, mediatycoon John de Mol.

Onder het interview heeft Luna een warrige reactie achtergelaten, in het Engels. Ze vraagt of Johnny haar de banden van het programma wil sturen. Als hij dat niet doet zullen anderen die banden te gelde maken, vreest ze. Ze schrijft dat ze er slecht aan toe is en smeekt Johnny haar te bellen op het nummer van haar ouders in Wassenaar.

Op een avond fiets ik langs het huis. Er is licht aan op de vierde verdieping. Ik zie de schim van een vrouw in de keuken, het zou Luna kunnen zijn. Het lijkt alsof ze staat te koken. Haar hoofd verdwijnt en duikt weer op. Het lijkt of de keuken vol rook staat, de schim wordt wazig en de ruiten beslaan.

De volgende dag ga ik opnieuw naar het huis. Aan het gietijzeren hek naast de voordeur is een oude fiets zonder spatborden vastgemaakt met een kettingslot. Voor de hoge ramen van de woonkamer zijn vuilniszakken geplakt, de wenteltrap is niet meer te zien. Het huis van de dichter die ook redacteur was wordt geschilderd, er staat een steiger voor de gevel.

Ik sta nu vlak voor het huis. Als ik twee stappen naar voren doe kan ik de gevel aanraken. Ik zou het stenen trappetje af moeten lopen en op de bel moeten drukken. Het lukt me niet om dichterbij te komen, iets weerhoudt me.

De dagen erna denk ik na over wat ik zal zeggen. Ik stel me voor dat ik aanbel en dat Luna opendoet. 'Ik ben hier omdat ik iets moet weten, Luna. Het is bijna tien jaar geleden, maar er is geen dag voorbijgegaan dat ik er niet aan dacht. Ik moest dit doen, dat begrijp je toch wel?

Ik wil weten of je lieve ik nog bestaat. Ik wil weten of je lieve ik je oorspronkelijke persoonlijkheid is. Ik wil zeggen dat ik dat altijd heb geloofd. Als je de vreemde bent moet je terugkeren tot die oorspronkelijke persoonlijkheid.

Wij waren *partners in crime*, weet je nog? We zouden op een veilige manier gek blijven zijn, maar jij bent bij mij vandaan gedreven, tot je minder was dan een stip aan de horizon. Je wilde tegengehouden worden, dat heb je zelf gezegd. Je wilde een normaal leven, je dacht dat dat kon met mij.'

Een paar weken later ga ik terug naar het huis. Nu gaat het gebeuren, denk ik, nu ga ik aanbellen. In de buurt van het huis raak ik in paniek. Ik besluit om eerst iets te drinken, in het café om de hoek.

Het is niet druk in het café, ik ga aan de bar zitten. De barjuf heet Jasmijn. Ik vraag of ze Luna kent. 'Die heeft een kroegverbod,' zegt Jasmijn. Ze roept Debbie, de eigenaresse. Debbie weet heel goed wie Luna is. 'Ze komt er hier niet meer in,' zegt Debbie.

Ze had Luna een hele tijd niet meer gezien. Maar drie maanden geleden zag ze haar ineens weer langslopen. 'Eerst durfde ze niet naar binnen te komen,' zegt Debbie, 'ik denk omdat ze eerder al een kroegverbod had.' Een maand geleden stapte Luna toch naar binnen. Op een zondagmiddag, er waren net een heleboel kinderen die appeltaart aten en warme chocolademelk dronken.

Debbie schrok van Luna's uiterlijk. 'Ze is vel over been, ze ziet er slechter uit dan ooit.' Luna vertelde dat ze in een inrichting had gezeten. 'Ze had het de hele tijd over elektriciteitshuisjes, er was geen touw aan vast te knopen.' Daarna begon ze over stamgasten van vroeger die niet te vertrouwen waren. 'Ze begon te schelden en te tieren, de hele kroeg viel stil.'

Toen Debbie zei dat ze moest gaan liep Luna gedwee naar de deur. 'Het is triest, maar wat moet ik ermee?' zegt Debbie. Jasmijn vertelt dat nog twee mensen een kroegverbod hebben. 'Ook vrouwen. Maar die zijn minder onmogelijk dan Luna.'

Van het café op de hoek loop ik naar het huis. De getraliede ruit van de voordeur is ingegooid. Ik zie dat de egelantier uit de grond is getrokken. Ik loop het stenen trappetje af, naar de voordeur. De lamp die automatisch aan zou moeten gaan blijft uit. Zachtjes duw ik tegen het gebarsten glas.

Er is een nieuwe bel gemonteerd, een zwarte met drie knoppen. Er staat niets bij, geen naam, geen nummer. Een voor een druk ik de knoppen in. Niets. Nog een keer druk ik alle knoppen in. Niets.

Op de verdieping die ik huurde is het licht aan. De gordijnen zijn niet helemaal gesloten. Ik klim op het gietijzeren hek om door de kier naar binnen te kijken. Het licht komt uit de badkamer, waar ik haar in alle vroegte afsproeide terwijl ze haar verbonden polsen in de lucht hield.

Ik zie een bureau staan. Met ernaast een verhuisdoos waar iemand 'fragile' op heeft geschreven. Vergeefs bons ik een paar keer op het raam.

Ik bel aan bij de dichter die ook redacteur was. Hij is alleen thuis met zijn drie dochters. 'Kom binnen,' zegt hij. De dichter draagt een groene broek en een roze blouse. Drie weken geleden heeft hij Luna voor het laatst gezien. Vreemd genoeg zegt ze nooit iets tegen hem, als hij haar groet groet ze niet terug.

Met de Shell-directeur heeft hij wel contact. 'Hij lijkt mij aardig te vinden.' De Shell-directeur vertelde hem over de dood van zijn zoon. Toen de gedeelde schoorsteen opgeknapt moest worden vond de Shell-directeur het geen probleem om mee te betalen.

De dichter vertelt dat hij de gevel heeft laten schilderen. Ik zeg dat ik de steigers heb zien staan. Om zijn werk goed te kunnen doen had de schilder een paar overhangende takken van de egelantier opzij geschoven. Toen Luna dat zag ging ze tegen de schilder tekeer. 'Maar daarna heeft ze de struik er helemaal uit getrokken,' zegt de dichter.

De volgende dag ga ik terug naar het huis. Een medewerker van een glasbedrijf heeft een kaartje met een telefoonnummer tussen de voordeur gestoken. Het licht in de badkamer is nog steeds aan. Ik druk op de bellen, opnieuw geen gehoor. Er is niemand in het huis, ook de dagen erna niet.

Op een vrijdagochtend pak ik de telefoon en draai ik het nummer van de Shell-directeur en zijn vrouw. De telefoon gaat een paar keer over, dan neemt Luna's moeder op. De jaren verdwijnen, haar stem maakt dat alles gisteren was.

Ik vraag of ze nog weet wie ik ben. 'Wie kan zo'n bloedmooie jongen ooit vergeten?' Ik kan mijn oren niet geloven. Zegt ze dat werkelijk? Ik zeg dat ik het ontzettend aardig vind dat ze dat zegt. 'Waarom bel je?' vraagt ze.

Ik vertel dat ik op zoek ben naar Luna. Dat ik niet weet waar ze is en hoe het met haar is en dat het mij daarom verstandig leek om met haar of haar man te bellen. 'Waarom ben je op zoek naar haar?'

Ik zeg dat ik Luna iets zou willen vragen. 'Wat zou je willen vragen?' 'Dat zou ik...' 'Dat zou je liever zelf tegen haar willen zeggen. Nou, weet je, ik zou daar maar eens heel ernstig over nadenken.' 'Bedoelt u dat ik daar ernstig over moet nadenken of dat jullie daar eerst ernstig over willen nadenken?'

Ik voel haar boos worden, ik hoor haar adem, het lijkt of ze in de hoorn blaast. 'Je hoeft bij mij niet de journalist uit te gaan hangen.' Haar stem trilt. 'Dag, Joris, tot ziens Joris.' Ze gooit de hoorn op de haak. Direct bel ik opnieuw. Ze neemt de telefoon niet op. Ik denk aan de droom, waarin ze zei dat ik nooit contact met Luna heb gezocht.

Vijf minuten later bel ik weer. Ze neemt op. 'Misschien kan ik vertellen waar het mij om gaat,' zeg ik. 'Ik weet niet of ik zin heb in een gesprek met jou,' zegt ze. 'Ik weet niet of ik überhaupt iets met jou te maken wil hebben. En nu moet ik weg.' Weer gooit ze de hoorn erop.

Ik wil de Shell-directeur bellen, meteen. Maar ik heb het nummer van zijn mobiele telefoon niet. Ik bel naar het tijdschrift waar collega A. tegenwoordig werkt. Een telefoniste neemt op. Ik vraag naar collega A., de telefoniste verbindt mij door. Collega A. neemt op. Zijn stem, opnieuw zink ik weg in de tijd.

'Zou je het mobiele nummer van je schoonvader aan mij willen geven?' vraag ik. 'Ja hoor, dat wil ik wel,' zegt collega A. Hij kijkt in zijn telefoon en somt de cijfers op. 'Het gaat om Luna,' zeg ik. 'Ik zou haar nog een keer willen spreken. Maar ik weet niet waar ze is. Weet jij dat toevallig?'

Collega A. weet het ook niet. 'Eerlijk gezegd heb ik geen flauw idee. Ik zou het best willen zeggen maar ik weet het gewoon niet. Ik weet ook niet hoe het gaat met haar.' 'Dankjewel,' zeg ik. 'Ik zal nu je schoonvader bellen.'

De mobiele telefoon van de Shell-directeur staat uit. Drie uur later staat zijn telefoon aan. Hij noemt zijn naam, in gedachten hoor ik hem 'er wordt hier niet gedronken!' bulderen. Ik zeg hetzelfde als wat ik een paar uur eerder tegen zijn vrouw zei. Ik vraag of hij dat al heeft gehoord van haar. Hij zegt van niet.

Ik vraag of hij kan zeggen waar ik Luna kan vinden. 'Ik wil niet dat je haar zoekt,' zegt de Shell-directeur. 'Ik wil daar op geen enkele manier aan meewerken. En verder wil ik er niets over kwijt. Dit gesprek is nu beëindigd.' Hij hangt op.

Ik besluit Luna een brief te schrijven. 'Lieve Luna,' schrijf ik. 'Zou je mij alsjeblieft willen bellen of mailen? Ik zou je binnenkort graag een keer ontmoeten omdat ik je iets belangrijks heb te vertellen. Eventueel kan het ook per brief of telefoon, als je dat liever hebt.'

In de brief schrijf ik ook dat ik haar moeder en haar vader aan de telefoon heb gehad. 'Zij gaven aan dat het niet in jouw belang is om contact met mij te hebben. Omdat ik vind dat jij dit zelf moet kunnen besluiten stuur ik je deze brief.'

Ik print de brief. 'Strikt persoonlijk,' schrijf ik op de enveloppe. Ik rijd naar het huis en doe de brief door de brievenbus. Het kaartje van het schildersbedrijf is weg, de ruit is niet vervangen. Nog steeds is het licht in de badkamer aan.

In een lunchroom aan de Vijzelstraat spreek ik af met de ex-vriendin van haar broer. Het is koud en het sneeuwt. Ik zie de ex-vriendin aankomen, ze heeft een rood mutsje op.

Ze vertelt dat Luna haar afgelopen zomer belde, vermoedelijk vanuit de praktijk van een psychiater. Luna was niet goed te verstaan, ze klonk verward. 'Ik wil je zien,' zei ze tegen de ex-vriendin.

Ze spraken af in een café aan de Nieuwmarkt. De ex-vriendin schrok toen ze Luna zag. 'Je weet hoe mooi ze was.' 'Mooier dan Uma Thurman,' zeg ik. 'Daar is niets meer van over. Iemand die haar niet kent zou zeggen: hé, daar gaat een junk.'

Luna vertelde dat ze problemen had met haar tanden en dat ze geopereerd moest worden aan haar rug. Ze kon niet lang zitten, telkens stond ze even op. 'En ze heeft een bloemkooloor,' zegt de ex-vriendin.

Ze legt uit dat een bloemkooloor een oor is dat in de vorm van een bloemkool is verschrompeld. Luna zei tegen de ex-vriendin dat ze dacht dat het kwam door ontstoken piercings, in combinatie met het gebruik van speed.

Ik moet aan Luna's oren denken, met die bijzondere, aan de schedel vastgegroeide oorlellen. Een van die oren, verschrompeld in de vorm van een bloemkool.

'Ik was altijd onder de indruk van haar,' zegt de ex-vriendin. 'Vergeleken met haar vond ik mezelf een boerenmeid. Ze was heel verfijnd en ontzettend erudiet.' De ex-vriendin zegt dat ze het fijn vond om bij Luna en mij op bezoek te komen. 'Zij speelde liedjes, jij schreef gedichten.'

Maar in het café aan de Nieuwmarkt zat een Luna die ze niet kende. Een Luna die wartaal uitkraamde. Het ging voortdurend over speed. Dat ze haar ouders en de artsen ervan had overtuigd dat ze amfetamine voorgeschreven zou moeten krijgen. Na de avond in het café stuurde Luna haar een tijdje cryptische sms'jes.

De ex-vriendin vertelt dat Luna na mijn vertrek heeft samengewoond met een zekere Tony. De naam Tony zegt mij vaag iets, volgens mij heette de speed-dealer op de woonboot Tony. Met Tony zou ze enkele verdiepingen in het huis hebben verhuurd, tot er ruzie ontstond en Tony vertrok.

Vervolgens zou ze bevriend zijn geweest met mensen van vrijstaat Ruigoord, de Amsterdamse kunstenaarskolonie in het westelijk havengebied. In die tijd zou ze bij wijze van kunstproject haar bed aan touwen aan het plafond hebben gehangen en een stuk of dertig oude televisies tegen een muur hebben opgestapeld. Ze was te extreem voor de excentrieke Ruigoord-kunstenaars, na een tijdje gingen ze niet meer bij haar langs.

Luna's ex-vriend uit Londen had met haar ouders gebeld en was naar Nederland gekomen. Hij schrok van Luna, die nauwelijks op hem leek te reageren. 'Ze is voorgoed verloren,' zou hij bij terugkeer in Londen tegen de andere Engelse vrienden hebben gezegd.

'Jij was de liefde van haar leven,' zegt de ex-vriendin. 'Alleen toen ze met jou was is haar leven enigszins normaal geweest.' Ik zeg tegen de ex-vriendin dat ik wil weten of de Luna van toen nog bestaat, of de Luna

218

van toen tot leven kan worden gewekt. Ik vertel dat ik haar ouders heb gebeld, dat ze de hoorn erop gooiden en dat ik daarna een brief door de brievenbus heb gedaan.

De ex-vriendin heeft het nummer van Luna in haar telefoon staan. Ze durft het nummer niet aan mij te geven. Ze zegt dat ze Luna een bericht zal sturen. In het bericht zal ze mijn telefoonnummer vermelden en schrijven dat ik naar haar op zoek ben.

Twee weken later belt de ex-vriendin. Luna heeft haar een vreemd bericht teruggestuurd. 'Tivoli? Radiohead are not your domain. I know some who do. I'm not amused, would not be.' De ex-vriendin zegt dat het bericht laat zien hoezeer Luna de weg kwijt is. 'In het café aan de Nieuwmarkt was ze net zo.'

De volgende dag belt de ex-vriendin weer. Luna heeft haar opnieuw een bericht gestuurd, dat het Radiohead-bericht niet voor haar was bestemd. Over mij heeft ze niets gezegd.

In het huis van mijn uitgever probeer ik het boek af te maken. Ik zit in een comfortabele stoel aan het raam en kijk uit over de Amstel. In de kamer met lambriseringen staan twee vazen met bloemen. De bloemen verspreiden een zoete geur, die af en toe mijn neus bereikt.

Gisteren ben ik nog eenmaal langs het huis gegaan. Er zat een nieuw raam in de voordeur, het licht in de badkamer was uit. Ik klom op het gietijzeren hek en zag dat de kamer leeg was. Ze zal nooit meer terugkeren in het huis, op een of andere manier was dat duidelijk.

Ik kijk naar buiten. Een oude man staat op de voorplecht van een woonboot. Hij gooit een haak in de Amstel en haalt hem op aan een touw. Na een paar keer gooien en ophalen komt er een fiets naar boven.

De man tilt de fiets uit de Amstel en zet hem op de kade in een fietsenrek. Hij rolt het touw met de haak op, gaat de woonboot binnen en doet de deur achter zich dicht.

Ik heb nooit meer iets van Luna vernomen. Ze weet dat ik haar zoek, dat kan niet anders. Een tijdje terug heb ik de ex-vriendin nog een keer gebeld. 'Ik zit in Tokio en ik ben jarig,' zei ze. 'Gefeliciteerd,' zei ik. Zij had niets van Luna gehoord. 'Ik ook niet,' zei ik.

Luna's persoonlijkheid bestaat niet meer, misschien heeft haar persoonlijkheid nooit bestaan. Wellicht is haar persoonlijkheid een op hol geslagen fruitmachine.

Maar nog steeds kan ik dat niet geloven. 'Je moet

het zelf weten, Luna,' schrijf ik op mijn computer. 'Als jij het zo wilt, prima. Maar op een dag sta ik aan je graf en huil ik om alles.'

Verantwoording

Luna heet in het echt geen Luna. In dit boek heb ik het verhaal van haar en mij opgeschreven zoals ik het mij herinner en zoals ik het heb beleefd, met alle onvolkomenheden van dien. Andere betrokkenen hebben misschien andere herinneringen en belevingen. Dit is mijn versie.